佛山
上市公司研究

李静 郝伟 缪璐 著

九州出版社
JIUZHOUPRESS

图书在版编目（CIP）数据

佛山上市公司研究 / 李静，郝伟，缪璐著. -- 北京：九州出版社，2023.6

ISBN 978-7-5225-1890-9

Ⅰ. ①佛… Ⅱ. ①李… ②郝… ③缪… Ⅲ. ①上市公司－发展史－研究－佛山 Ⅳ. ①F279.246

中国国家版本馆 CIP 数据核字（2023）第 101588 号

佛山上市公司研究

作　　者	李静　郝伟　缪璐　著
责任编辑	陈春玲
出版发行	九州出版社
地　　址	北京市西城区阜外大街甲 35 号（100037）
发行电话	（010）68992190/3/5/6
网　　址	www.jiuzhoupress.com
印　　刷	武汉市籍缘印刷厂
开　　本	710 毫米 ×1000 毫米　16 开
印　　张	15.5
字　　数	199 千字
版　　次	2023 年 6 月第 1 版
印　　次	2023 年 6 月第 1 次印刷
书　　号	ISBN 978-7-5225-1890-9
定　　价	68.00 元

本著作受佛山科学技术学院高水平理工科大学建设专项资金、广东省社会科学研究基地“创新与经济转型升级研究中心”资助。

目　录

CONTENTS

第一章　导　论

佛山市上市公司是佛山企业的重要代表。据佛山市金融局统计，截至2018年年底，佛山市境内外上市公司总数达到58家，在广东省内排名第三。新三板挂牌企业达73家。上市企业市值位列全国第7名。佛山市、区两级政府不断加大企业上市扶持力度。《佛山市促进企业上市三年行动计划（2016—2018年）》《佛山市促进企业上市扶持办法》相继出台（李嘉雯，2022），提出进一步完善服务、增加激励，上市企业最高可获2900万元奖励。

1993年至2007年间，佛山一共有15家上市公司，基本是按照1年一家的速度发展。2007年3月，佛山召开企业上市工作会议，提出利用3～5年在资本市场构建“佛山板块”。市、区两级政府分别出台上市优惠政策，通过技改贴息、财政补贴和奖励等方式降低企业改制上市成本。2009年8月，佛山启动企业上市绿色通道制度，佛山民营企业上市步伐加快，2014年1月，IPO（Initial Public Offerings，首次公开募股）在时隔15个月后再开闸，引发企业排队上市。伊之密、南华仪器、星徽精密、雄塑科技等一批优质佛山企业在2015年前后上市。

2017年以来，佛山五区纷纷出台新一轮政策力促企业上市，以真金白银对企业IPO、发行债券、兼并重组以及在新三板、地方股权交易场所挂牌融资等行为给予扶持。2018年年初，全市企业上市工作促进会举行，佛山明确提出力争到2020年上市企业数量达到100家。

一、研究背景与意义

区域经济的发展，离不开政府、企业以及个人的共同努力（朱君，2014）。纵观国内外对于上市公司与经济发展的相关性讨论，其中都有一共同点，那就是学术界几乎都一致地认为，“上市公司是现代市场体系中实体经济与虚拟经济的辩证统一，是产品市场和资本市场的重要桥梁与纽带，是广泛的社会性和特定区域性的统一”（程建龙，2013）。对于上市公司以及地区经济发展方面的探讨就显得十分有必要。

首先，从上市公司作为市场经济活动中微观主体的重要组成部分的角度来看，厘清上市公司与区域经济差异的内在关联，有利于为梳理与制定符合本地企业发展的宏观经济政策提供指导依据（程建龙，2013）。

其次，从上市公司作为股市发行主体角度出发，上市公司的规模、经营状况、业绩表现等都与股票市场的发展密切相关。股市作为资本市场的“晴雨表”，能够很大程度上反映金融市场的健康与否，因此从上市公司的层面进行研究，也有利于更直接地为金融市场的稳定长足发展提供一定的参考（程建龙，2013）。

因此，保持资本市场平稳健康发展的同时提高上市公司质量，充分联系上市公司的生产经营、资本运作、社会责任与现代社会经济发展路径（程建龙，2013），重视培育上市公司，积极调动上市公司在资金筹集、人才吸引、技术与管理创新方面的优势并想办法将其转化为区域经济优势，是发挥上市公司在促进地区及国家经济发展方面的作用的有效途径之一（朱君，2014）。

二、文献综述：国内外研究现状

在研究上市公司对经济增长的关系时，过往研究成果对于这两者之间的关系的争论主要集中在两个方面：一方面是上市公司的发展与地区经济增长之间是否存在相关关系；另一方面则是若二者相关，究竟是前者促进了后者，还是后者带动了前者的繁荣，抑或互相成就、互为因果。

国内国外学术界在这一点上的表现也不一样：虽然海外的研究主要集中在探讨股票市场与经济增长之间的关系上，但往往采取的研究方法以及选取的数据样本不尽相同。另外，由于各国股市的发展在不同国家市场间存在差异，使得国外相关研究文献多偏向使用不同国别数据进行分析。而这些现象的存在，造成得到的理论层面的结论的可比性与迁移性很容易大打折扣（程建龙，2013）。

而由于我国的股票市场起步较晚，相对滞后于海外研究成果，因此在这一主题上我国的研究主要集中在两方面：第一，基于全国时间序列数据得到的计量分析模型，探究股票市场与经济增长的关系；第二，采用分省的横截面数据模型或分地区的时间序列数据进行计量分析，从而推算上市公司与区域经济的关联（程建龙，2013）。对于前者，学术界的观点一直未能达到统一：刘宇晟（2011）在其研究中发现股票交易量与成交额与经济增长间存在长期均衡，即股市流动性与经济增长具有显著相关关系；而在赵文静、孙大鹏（2012）的研究中则明确指出，这种相关关系是一种正相关。也不乏反对派的声音：谈儒勇（1999）认为我国股票市场对经济增长的作用极其有限，甚至是不利的；李广众（2002）也认为股票市场不能作为反映经济增长的长期指标；高大为、魏巍（2004），杨英杰（2004）认为我国股票市场不具有弱有效性，不健全的股票市场中存在扭曲性，导致股票市场对经济增长的指导作用极其有限，甚至出现了背离。

虽然股市往往作为人们衡量经济发展状况的“晴雨表”，股市的发展也反映了投资者对于上市公司发展的预期，但股票市场的复杂性与波动性使之更难直接反映与作用于区域经济增长。基于此，从长期维度来看，股票市场与经济增长之间无必然相关性。

而对于第二点，即上市公司与区域经济发展的关系，学术界往往分别从上市公司自身出发，探讨其将会对区域经济的哪些方面造成影响。朱君（2014）在总结国内外学者关于区域经济的研究方面时指出，过去学者对于上市公司对区域经济影响的方面主要集中在宏观与中观视角，即对区域经济发展战略、模式、差异对比、水平评价、趋势预测等方面。同时，朱君（2014）也指出学术界对于上市公司的研究主要集中在上市公司融资行为、信息披露、财务质量、资本结构、内部控制与并购重组行为的探讨，即大部分是围绕管理者视角展开的。表 1-1 为上市公司与区域经济发展相关性文献整理表。

表 1-1 上市公司与区域经济发展相关性文献整理表

作者（时间）	观点
Laurenceson (2002)	上市公司筹集资金对于中国企业尤其是国有企业改革和发展非常重要，能够通过刺激消费与投资需求拉动区域经济发展，因此鼓励企业积极参与上市
Okuda & Take (2005)	以印尼上市公司为例，发现上市公司发展壮大很大程度上受制于资金，而上市所带来的融资优势可以弥补银行信贷的不足，进而促进区域经济实力
Min & Hsu (2006)	从台湾地区上市公司与经济发展的相关数据出发，着眼上市公司的财富创造与技术创新，发现上市公司对于地区经济发展影响显著

续 表

作者（时间）	观点
Zivengwa (2011)	以津巴布韦数据切入，采取实证研究方法，发现上市公司与经济发展具有显著正相关关系
蒋爱先 何贵香 (2007)	针对广西上市公司情况，发现上市公司可以推动区域产业升级、聚集高层次人才、促进企业制度变革和产品创新、造就区域经济龙头企业等形式带动区域经济发展
刘德智 徐 晔 李小静 (2007)	立足河北上市公司与经济发展数据，从资源占有率、经济贡献率以及社会贡献率三个维度来衡量上市公司对全省经济的带动作用
周华东 胡恩祥 (2008)	从安徽省实际情况出发，通过计算上市公司对GDP增长率的贡献度、上市公司筹集资金所产生的增加值对GDP增长率的贡献度以及募集资金的乘数效应等，发现上市公司对地方GDP的贡献值在不断增加，从而建议通过提高上市公司数量与质量来促进地区经济发展
姚志方 (2004)	发展区域经济需要重视上市公司在组织形式、经营管理、资金筹集等方面的优势
钟海燕 郑长德 (2005)	通过分析上市公司在我国东中西三大经济带上的差异，发现上市公司在资金筹集、体制改革以及资源配置功能上存在一定的区域差异，具体表现为经济越发达地区，上市公司对该区域的带动作用越强
李兴江 董雅丽 (2009)	认为在我国发达地区（如北上广深等一线城市），其经济发展与该地区上市公司间的相互关系更加明显；而经济相对落后地区，上市公司与区域经济发展相关性不显著，且受影响程度受制于上市公司经济行为与发展水平等因素
梁 剑 (2011)	背靠金融财务理论与计量分析，发现我国上市公司业绩与宏观经济的运行具有一致性，国民经济增长会直接反映在我国上市公司的业绩指标中

续 表

作者（时间）	观点
徐博英 (2009)	研究发现中国 GDP 增长与上市公司规模之间存在正相关关系
陈　亮 (1998)	在对各地区经济环境与上市公司综合实力进行了细致评估后，发现地区经济环境与该地上市公司的整体发展状况相关
钟海燕 (2002)	认为上市公司差异是区域差异的衍生物，因此解决上市公司差异问题是解决区域经济差异问题的有效途径
王晓慧 (2006)	基于浙江上市公司数据分析，得出上市公司未能充分发挥其对于当地经济发展的贡献作用
胡林荣 朱怀镇 黄　弘 (2006)	认为江西省上市公司数量与该地区经济增长呈现高度正相关
贾化斌 王俊峰 (2008)	基于安徽省上市公司与地区经济分析，认为安徽上市公司有效带动了区域经济发展
王一晶 (2009)	研究上市公司数量与区域经济发展的关系发现二者呈正相关
范文娟 张心灵 (2010)	认为内蒙古当地经济的增长有赖于上市公司发展的推动作用
秦鸿文 (2010)	围绕陕西省情况，探讨了上市公司对当地经济发展的重要促进作用
杨明洪 沈　颖 (2009)	以西藏自治区为例，认为上市公司对于西藏经济增长贡献明显

三、上市公司对区域经济发展的影响

关于上市公司，我国《公司法》第一百二十条中有明确的概念定义："所谓上市公司，是指其股票在证券交易所上市交易的股份有限公司。"目前，我国有上海证券交易所、深圳证券交易和北京证券交易所作为其交易场所。根据上市公司股票的上市发行的地点与参与交易的投资者的不同，我国上市公司股票可以分为A股、B股、H股等。目前，我国已初步形成由主板、中小板、创业板、股转系统和区域股权交易中心构成的多层次资本市场体系（见图1-1我国多层次资本市场体系简示图）（IUD中国领导决策信息中心·大数据战略重点实验室，2018）。Wind金融数据库终端显示，截至2018年12月31日，沪深两市共3555家A股上市公司，其中主板1899家、创业板739家、中小板917家。

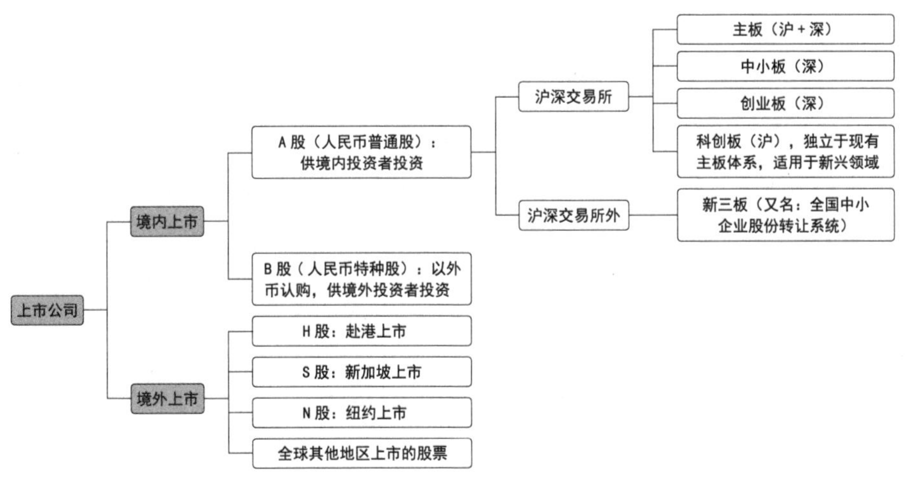

图1-1 我国多层次资本市场体系简示图

本书对于上市公司的研究将主要立足于A股上市公司展开，涵盖主板、中小企业板、创业板以及新三板上市公司展开，必要时将境外上市单独作为一个板块进行讨论。同样作为本书的研究对象，取广义的上市公司定义，佛山地区的上市公司就是指注册在佛山地区的A股主板、中小企业板、创业板、新三板上市公司以及部分境外上市的公司。

比起非上市公司，上市公司的优势主要体现在以下几个方面：（一）借助上市，公司可以为其自身发展获得稳定的融资筹资渠道，打开良性的资金循环（杨锦昌，2002）。（二）上市可以为企业迎来更高的市场知名度与社会认可度，从而吸引广大消费者、投资者青睐。同时，良好的口碑也会为企业招揽到更优质的求职者，而善于利用股权期权激励计划的公司也能更好地实现对企业员工的管理，有助于留住人才。（三）上市公司想要成功发行股票并获得上市资格必须符合一定的条件，接受来自资本市场公平、公正、公开的约束以及广大投资者的监督，在这种压力下更有利于上市公司最大程度释放其竞争力，不断进行产品、技术与管理革新，而上市为其在第一时间占领市场并在资本市场的舞台上持续大放异彩获得了更大的便利。（四）当市场出现突发危急情况时，资本市场为其提供的投资平台与风险分散机制也可以帮助其及时对自身业务进行调整与转型，适时规避风险。朱君（2014）在其文章中枚举了上市公司区别于非上市企业的显著优势后指出，这些特殊的优势也正是上市公司可以促进区域经济发展的关键所在。

四、佛山地区上市公司的发展历程

佛山，地处珠三角腹地，东接广深，毗邻港澳，是粤港澳大湾区重要节点城市，亦是全国先进制造业重镇基地，2018年全区GDP生产总值达9935.88亿元。

本书所取得的数据材料均来自Wind数据库。

佛山自1993年第一家企业上市以来，一共有155家企业参与了IPO（首次公开募股）计划。上市以来，共29家企业曾退市。其中，除了3家即企业美涂士、文灿股份和科顺防水（另有2019年华特气体于科创板上市，成为佛山首家于科创板上市的企业）转板上市以外，分别有2家企业即任我通、瑞德智能因暂停后未披露定期报告，10家企业因生产经营调整，14家企业因为其他不符合挂牌的情形，共29家企业遭遇退市。目前仍在上市的企业共有126家。其中，沪深A股上市公司38家（主板13家、中小板17家，以及创业板8家），新三板上市公司73家，另有赴港上市企业15家。此外，南方包装与博实乐分别于新加坡证券交易所、纽约证券交易所上市，具体上市公司名录请查阅本书附录。

由下图可以看出佛山上市企业按照其上市时间与数量批次，可以大体分为如下5个阶段：

（1）起步阶段（1993—1995）：中国中药（旗下包含“冯了姓”等老字号企业）与佛山照明于1993年分别在香港与深圳证券交易所上市。这一阶段先后诞生了以美的家电（1993年11月12日在深交所上市成为中国第一家上市的乡镇企业）、佛山照明（1993年11月23日在深交所挂牌上市，成为中国照明行业第一家上市公司）等等具有行业领头羊地位的优秀企业。由于相应的政策未能完全跟上，这一时期的上市多以企业自发性行为为主。体现了一直以来佛山企业敢为人先、勤劳勇敢的智慧与胆识。

（2）停滞阶段（1996—1998）：初尝企业上市的发展甜头后的这三年间，上市公司发展回落至冰点，佛山无一家企业上市，陷入完全停滞状态。

（3）复苏阶段（1999—2006）：经历了寒冬之后的几年间，佛山企业逐渐开始复苏，上市企业数量一直在零星的崭露头角中徘徊。

（4）快速增长阶段（2006—2017）：这一阶段可以称作是佛山企业加快上市步伐的“黄金十年”。“佛山板块”在资本市场逐渐显现与铺开。碧桂园、志高控股、星期六、海天味业、南风股份、精艺股份、国星光电等企业陆续在这一时期登上资本市场舞台。虽然其间在2012年11月，由于证监会宣布新股IPO暂停，时隔15个月后重新开闸，多项引资行为触发了一系列企业在涌动的热潮中排队甚至扎堆上市，这其中就有首家成功在A股上市的陶瓷企业蒙娜丽莎集团股份有限公司（2017年12月19日在深交所上市）。多层次的资本市场在“佛山军团”的逐鹿中初见雏形。

（5）稳步爬升阶段（2018年至今）：佛山上市公司在过去历史发展中显示的成就也进一步促使政府出台了更多相应的利好政策为其提供更为肥沃的土壤：《佛山市“十三五”金融业发展规划》于2016年11月正式印发，《佛山市金融业发展三年行动方案（2016—2018）》作为配套措施也于2017年1月正式颁布。另外，贯彻落实《佛山市促进企业上市三年行动计划（2016—2018年）》《佛山市促进企业上市扶持办法》及《佛山市上市后备企业管理暂行办法》和《佛山市促进企业上市工作实施方案（2016—2018年）》也将在未来进一步支持与引领佛山企业上市的稳健步伐（李嘉雯，2022）。

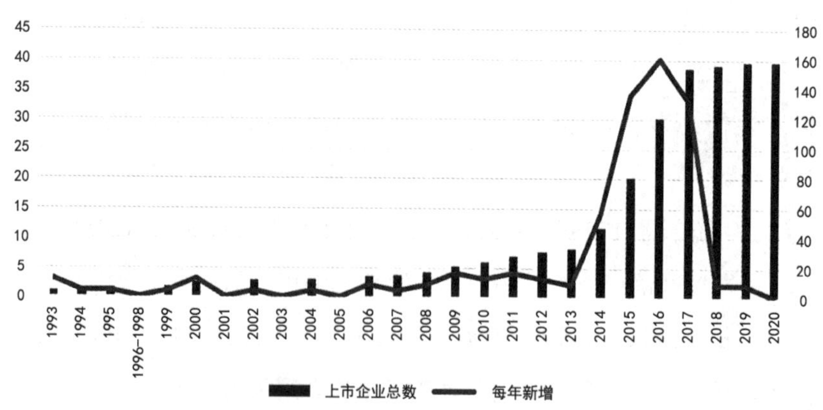

图1-2 1993—2018年佛山上市公司总数及新增上市企业数量

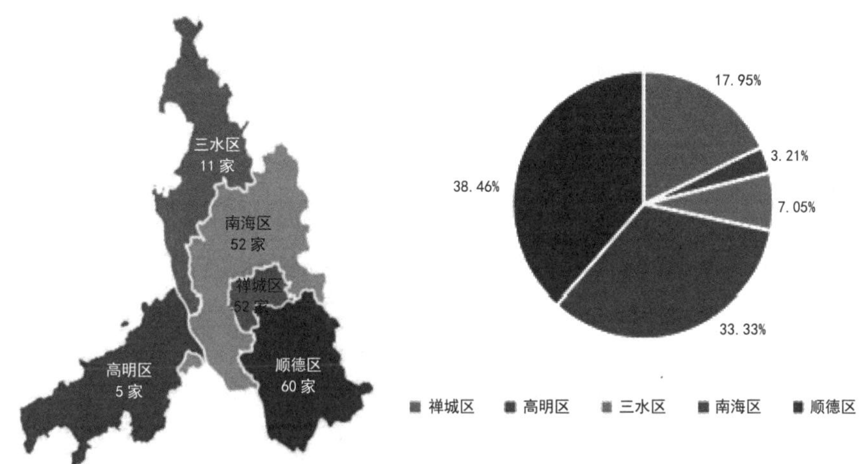

图 1-3 佛山上市企业地理区域（五大区）分布与占比

图 1-2 为 1993—2018 年佛山上市公司总数及新增上市企业数量。除了从时间轴角度纵向分析佛山上市公司整体发展轨迹，本书将从横向地理区域维度对佛山上市公司在地方各区域、各行业间作进一步剖析。

从图 1-3 佛山上市企业地理区域（五大区）分布与占比可以看出，在佛山五个地区中，顺德区上市公司数量最多（60 家），占佛山市所有上市企业数目（含退市企业）的 38.46%，南海区次之，占 33.33%，禅城区占 17.95%，而三水区与高明区与另外三个区相比之下，上市公司数量相对不足，分别为 11 家与 5 家，占佛山所有上市企业数目的 7.05% 与 3.21%

为了详细刻画佛山市各地区企业总部数量随时间的动态变化，本书进一步从时间序列维度对佛山上市企业按照其上市时间进行了拆解（如图 1-4）。从图中可以看出，作为后起之秀的顺德区在 2010 年初开始显露出猛进激昂的发展势头，同样具有快速发展趋势的还有南海地区。相比之下，禅城区始终保持着较为平稳的发展态势，而历史表现不佳的高明与三水地区也在近几年开始逐渐发力。这与佛山市上市公司整体的发展趋势保持统一。

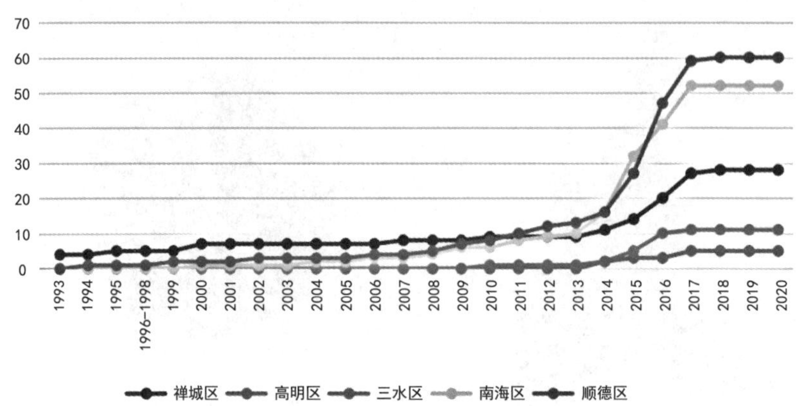

图 1-4 佛山上市企业数在各区中的历史发展脉络

在这些上市公司中涉及的类别及相应的占比如下（图 1-5）。可以看出制造业占据了佛山产业板块的 80.78% 的份额，奠定了佛山在珠三角乃至全国的制造业工厂的地位。

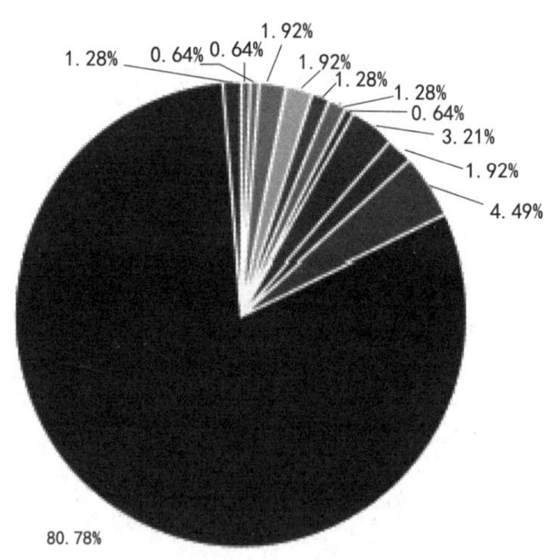

图 1-5 佛山上市企业行业分布

如果按照经营范围来细分（如图 1-6），可以看出，在佛山板块的上市公司中，以公共事业、家电、建材企业为主，其次为机械、化工、金属、房地产、轻工纺织等企业。佛山一直以来凭借顺德家电制造、禅城石湾陶瓷、南海型材等闻名遐迩，这些产业优势也在上述行业与经营范围的结构中得到了体现。

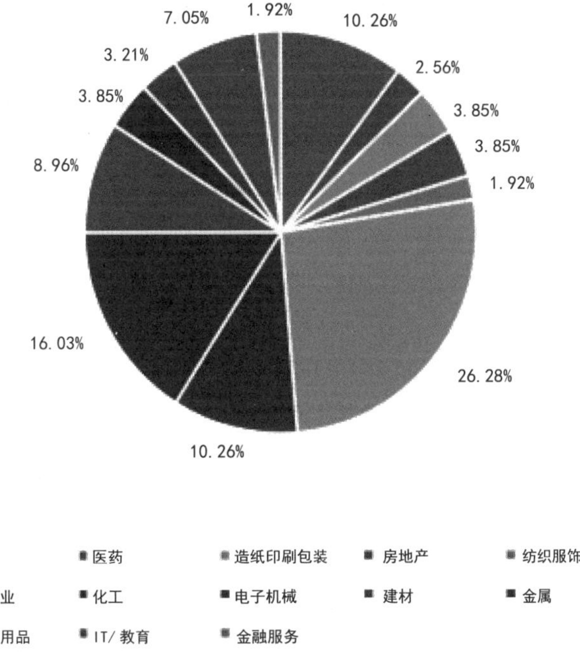

图 1-6 佛山上市企业经营范围

在 155 家上市企业中，126 家为制造业，约占所有行业分布的 81%。也可以由此看出佛山制造业实力雄厚，具有一定的行业集群效应。

五、本书研究框架

本书按照如下框架进行研究。第一章介绍佛山上市公司概况，第二章对佛山上市公司的盈利能力进行分析，第三章研究佛山上市公司的治理结构，第四章是佛山上市公司的科技创新能力研究，第五章是佛山新三板及境外上市公司研究，第六章是佛山上市公司全国同级城市地位比较研究，第七章介绍推动佛山上市公司发展的政策建议。本书大部分研究选取样本的时间截至 2018 年 12 月 31 日，部分内容出于研究的需要，样本时限后延。

第二章　佛山上市公司治理结构研究

现代公司的起源要追溯到16世纪的荷兰东印度公司，为了筹集资金开展扩张，东印度公司进行了人类历史上第一次股份制改革，发行了历史上的第一支股票，募集了大量的社会资金，同时设立了董事会和股东大会制度，并通过条文的形式将收益权和经营权正式区分，奠定了现代公司制度的基本框架。而现代公司治理学术上的概念源自美国，致力于研究资本家、企业家、经理三者之间的权力分配和利益制衡关系。对于我国的上市公司治理而言，就是要平衡好企业家、职业经理人、投资人（即上市公司的大小股东）之间的利益，这里包括了职业经理人和董事会对股东利益侵占的问题、如何对经理人行为实施有效监督和制约的问题、大股东侵占小股东权益的问题等。总的来说，公司治理的本质就是管理企业内的各种关系的总和（马永斌，2013）。

对佛山市的许多还未上市的企业来说，上市无疑是使公司快速发展壮大的一条捷径，但如何在上市时处理好涉及未来公司治理的一系列问题？如何平衡好各方的利益？对于佛山已经上市的一众企业来说，如何进一步优化公司的治理结构？如何通过对公司治理结构的改变在日益激烈的市场竞争中取得更好的成绩？

以上的种种问题没有标准答案，每一个企业都有适合自己的、个性化的解决方案。本章讨论的是中国上市公司，特别是佛山上市公司的共性问题，选取截至2018年年底全国沪深两市所有上市公司的数据，其中重点探讨佛山上市公司的股权结构、管理层（主要是高级管理人员）组成结构、机构投资者持股比例的影响等公司治理相关问题。

一、佛山上市公司股权结构对公司绩效的影响

改革开放40多年来，佛山市经济社会发展取得了令人瞩目的成就，成为珠三角地区经济发展快、投资环境好、综合实力强的城市之一。2018年全市生产总值9935.88万亿元，相比于2017年增速为6.3%。近年来，由于民营经济迅速崛起和自主创新能力增强，佛山市制造业持续快速增长。根据《珠江三角洲地区改革发展规划纲要（2008—2020年）》和《中共广东省委广东省人民政府关于加快建设现代产业体系的决定》的精神，为了推进产业转型升级，提高自主创新能力，构建现代产业体系，把佛山市打造成为全国乃至全球的现代制造业基地、产业服务中心，佛山市政府印发《佛山市“3+9”特色产业基地实施方案》的通知，着力打造白色家电、新型显示器件、现代陶瓷等三大世界级特色产业基地和专业机械装备、金属材料加工与制品、纺织服装、食品饮料、家具、医药保健、汽车零配件、新材料、节能环保等九大国家级特色产业基地（简称“3+9”特色产业基地）（陈泽鹏等，2018）。佛山市的上市企业作为上述行业的代表，依托政策红利和产业集群优势迅速发展，逐渐在A股市场形成了“佛山板块”。本书以佛山市1993—2018年在A股的上市公司为样本，研究分析样本的股权结构和公司业绩的关系。分析结果表明，国有股持股比例大小对佛山上市公司业绩影响负相关；股权集中度对公司业绩影响呈正相关；法人股持股比例对公司业绩影响呈U型关系。

（一）股权结构在公司治理中的重要性

上市公司的股权结构不仅关系到公司所有权和管理权的归属和分配，更是影响公司业绩的重要因素。基于各种历史原因，我国资本市场起步晚，发育慢（李静，2019）。1990 年沪深两市相继开市，为了符合我国以公有制为主体的经济制度不动摇，保证上市企业的控制权不外流，初期上市的公司需要在上市时将股票分为流通股（可以在股票市场自由交易的股票，约占总股本的三分之一）和非流通股（不可以自由流动的国有股和法人股，约占总股本的三分之二）。这样做在初期可以避免我国上市公司被外资恶意收购，但随着我国改革开放和市场化的进程不断加快，股权分置的问题日益凸显，股票市场供需失衡，大小股东利益冲突，公司控制权僵化。2005 年 8 月 23 日，中国证监会、国资委、财政部、中国人民银行、商务部联合发布《关于上市公司股权分置改革的指导意见》，股票全流通的时代宣告到来。

从表 2-1 可以看出 2005 年股权分置改革之后，国有股占比大幅下降，截至 2018 年年末，国有股占比只有 0.54%，流通股占比则高达 86.34%。

表 2-1 A 股上市公司股权结构

单位：%

年份	国有股占比	法人股占比	流通股占比	内部职工股占比	其他股份占比
2005	57.252	8.21	29.246	0.049	0.72
2006	44.691	6.383	22.941	0.028	25.959
2007	39.632	7.204	23.920	0	29.294
2008	60.173	4.492	33.220	0	1.844
2009	31.599	2.897	62.170	0	3.173
2010	14.824	2.026	79.510	0	3.067
2011	11.161	1.32	82.800	0	4.098

续 表

年份	国有股占比	法人股占比	流通股占比	内部职工股占比	其他股份占比
2012	9.888	1.552	84.660	0	3.297
2013	4.736	1.909	90.316	0	2.221
2014	4.19	1.86	90.38	0	2.44
2015	4.264	3.008	86.090	0	5.625
2016	4.275	4.255	84.330	0	5.665
2017	2.21	1.63	84.92	0	10.78
2018	0.54	0.23	86.34	0	12.82

（数据来源：上海证券交易所官网）

表 2-1 表明我国股权分置改革取得了预期之中的成功，这对于缓解股票市场的供需关系是一个利好，但对解决大小股东之间的利益平衡和公司控制权僵化的问题仍然没有实质性的帮助。从表 2-2 可以看出，中国上市公司第一大股东持股比例还是很高。

表 2-2 第一大股东持股比例

单位：%

第一大股东持股比例	2013 年	2014 年	2015 年	2016 年	2017 年	2018 年
平均值	36.8022	36.5240	35.9780	34.9353	34.0993	33.9966
最大值	88.55	85.04	89.99	82.51	89.09	97.78
最小值	3.89	4.96	3.39	4.15	4.15	3.00

（数据来源：Wind 数据）

第一大股东持股比例较高会造成一股独大，许多公司的第一大股东往往只需要联合两三位大股东，股权就能轻易地超过50%，从而取得公司的控制权或者依靠股权比例的优势在股东大会和董事会上通过一些有利于自己的决议。这些决议有些明显不利于公司的发展。股权结构决定着企业的管理构架，并反映在企业的业绩中，因此上市公司需要合理配置股权结构，平衡好各方利益，才能在激烈的市场竞争中占据主导地位。

（二）相关文献综述

股权结构是公司治理结构中的重要内容，与公司的资本结构和管理结构息息相关，同时也会影响到公司的业绩表现。股权结构的优劣具体该如何衡量？上市公司如何合理地配置股权结构以提高其企业业绩？对此学者们有不同的看法。

1. 股权结构对公司业绩的关系

柯希嘉（2016）认为在现代企业制度中，企业实际控制人根据其拥有的股份比例来决定其实际的控制权。企业实际控制人根据自身持股比例多少在一股一票的决策机制下，通过优化股权结构实现自身资产和实际控制权的优化。企业实际控制人通过证券市场的正常买卖和交易确保其所占股票份额能够对企业实际产生控制能力，而其他股东无法或者较弱地对其控制权发生任何实质威胁，使得企业的实际控制地位不发生任何动摇。

在国内外学者对股权结构的相关研究中，主要是用股权集中度和股权属性两个方面衡量其对企业绩效的影响。关于股权集中度与中国上市公司业绩的关系，国内学者有不同的结论。陈小悦（2001）选取深圳证券交易所1996—1999年除去金融性公司之后的全部A股股票为样本研究分析认为，在非保护性行业中，第一大股东持股比例与企业业绩呈正相关关系。向朝进（2003）抽样选取了2001年沪深股市中的110家公司进行研究分析发现，我国上市公司的股份集中度与未流通股份比例越高，公司的成长价值就越低，代表着公司未来的业绩就越差，即股权集中度与公司业绩成负相关关系。陈德萍（2011）以2007—2009年358家中小板上市公司为样本，考察后认为中小上市公司股权集中度与公司业绩呈显著的正U型关系。

杜莹（2002）认为国家股比例与公司绩效显著负相关，法人股比例与公司绩效显著正相关，流通股比例与公司绩效不相关，并进一步认为国家股东治理效率低下，法人股东在公司治理中起到了积极作用。

表2-3为股权结构与公司绩效相关性文献整理表。

表2-3 股权结构与公司绩效相关性文献整理

作者	研究对象	主要研究结论
吴淑琨（2002）	1997—2000年A股上市公司	对1997—2000年A股上市公司数据进行实证分析发现，股权集中度，内部持股比与公司绩效均呈显著性倒U型关系，第一大股东持股比例与公司绩效呈正相关，国家股比例和法人股比例与公司绩效呈显著性U型关系
Jensen& Meckling（1976）	1966—1972年纽约证券交易所上市公司	通过对内部持股与公司绩效的分析认为，公司价值随内部持股比例的增加而增加。在股权分散的情况下，随着管理者所有权要求的减少，勇于进行管理创新的动力就会减少，其结果会导致公司价值的下降。反过来说当管理者持股比例增加时，他们采取背离公司价值最大化的行为的同时，也会使自身股权的价值受到影响
许小年（1999）	1993—1995年A股上市公司	对1993—1995年300多家上市公司的分析表明，法人股比例与公司绩效正相关，而且前5大股东和前10大股东持股比例也与公司绩效（市值与账面值的比值、权益报酬率和总资产报酬率）正相关，但国家股比例与公司绩效负相关
孙永祥 黄祖辉（1999）	1998年A股上市公司	通过对股权结构影响公司治理机制，进而影响公司绩效的分析认为有一定集中度、有相对控股股东并且有其他大股东存在的股权结构，总体上最有利于公司治理机制的发挥，因而该种股权结构的公司绩效也趋于最大

续 表

作者	研究对象	主要研究结论
徐二明 王智慧 (2000)	1998 年的 105 家上市公司	对 1998 年的 105 家上市公司的分析认为，大股东的存在有利于公司相对价值和价值创造能力的提高，股权的集中与公司的价值成长能力也具有显著的正相关关系
张红军 (2000)	1998 年的 385 家上市公司	对 1998 年的 385 家上市公司的实证分析认为，前 5 大股东与公司价值有显著的正相关关系，而且法人股的存在也有利于公司价值的增加
陈小悦 (2001)	1996—1999 年除去金融性公司深圳上市公司	选取深圳证券交易所 1996—1999 年除去金融性公司之后的全部 A 股股票为样本研究分析认为，在非保护性行业中，第一大股东持股比例与企业业绩呈正相关关系
向朝进 (2003)	2001 年沪深股市中的 110 家公司	抽样选取了 2001 年沪深股市中的 110 家公司进行研究分析发现，我国上市公司的股份集中度与未流通股份比例越高，公司的成长价值就越低，代表着公司未来的业绩就越差，即股权集中度与公司业绩呈负相关关系
陈德萍 (2011)	2007—2009 年 358 家中小板上市公司	以 2007—2009 年 358 家中小板上市公司为样本，考察后认为中小上市公司股权集中度与公司业绩呈显著的正 U 型关系
杜　莹 (2002)	1999—2001 年 A 股上市公司	认为国家股比例与公司绩效显著负相关，法人股比例与公司绩效显著正相关，流通股比例与公司绩效不相关，并进一步认为国家股东治理效率低下，法人股东在公司治理中起到了积极作用

2. 中国上市公司的股权结构现状

中国上市公司治理问题伴随着中国证券市场的诞生而逐渐显现出来。中国上市公司在治理方面所涉及的问题除了世界范围内广泛涉及的公司治理问题以外，还出现了很多具有中国特色的公司治理问题，这些问题的产生很多是由于中国证券市场设立过程中由于制度性依赖所导致的问题，也有很多是由于年轻的中国证券市场本身机制不尽完善所致。其中股权机构所导致的中国上市公司治理问题最为突出，许小年（1997）对沪、深上市公司 1993—1996 年的股本结构和企业效益进行分析，统计结果表明，国有股比重越高的上市公司效益越差，法人股比重越高的公司效益越好，个人股比重与企业效益基本无关。

从国有控股上市公司的角度看，国有股份比例一直较高。许小年认为国有企业的股份制改革是国有企业改革的核心，也是中国经济改革的关键所在。大型国有企业虽然依托政策优势、先发优势比民营企业早一步上市，但普遍缺乏有竞争力的公司治理机制，如果问题得不到改变，此类国企即使有机会上市，也势必会在以后的市场竞争中败北。股权结构之所以重要，就在于它对企业经营管理机制和企业业绩的影响。在社会各界的呼吁声中，我国 A 股市场的股权分置改革于 2005 年正式启动，除了 2008 年受美国次贷危机影响，政府出手救市买入大量股票外，国有股占比逐年下降，因国有股占比过高导致公司治理结构失去活力的问题得到缓解，但是并没有彻底解决，关键行业的国有控股公司的国有股占比一直没有下降的趋势。

从民营上市公司的视角来看，大量民营上市公司的大股东往往为个人或者家族持股，虽然在创业板和中小市值上市公司，以及部分业绩较差的民营上市公司角度看来，存在着大股东不断减持的现象。但从整体上看，民营上市公司的实际控制人仍然为个人或家族控股。所以从整个中国证券市场的角度来看，“一股独大”的现象是中国上市公司股权结构中最为突出的特征。

因此在我国，公司治理的主要问题实质上演化为了大股东和小股东之间的利益冲突（李增泉，2004），具体表现为大股东凭借其控制权地位对小股东的利益进行侵害掠夺。龚钰（2013）以佛山著名的上市公司——佛山照明为例，分析了其国有大股东为了自身利益，以股利分红为由要求佛山照明将每年的净利润分配给股东。

因此陈德萍（2011）认为，股权结构是公司治理制度的基础，中国上市公司中突出的“一股独大”问题必然导致公司内部人成为公司实际控制人，而这种内部人控制必然导致中国上市公司治理的核心问题集中在权力制衡和内部人约束方面。现代化公司的股东大会制度、董事会制度、监事会制度和外部董事制度的设置都是围绕着这一核心问题展开的，但结合中国上市公司治理的实际状况来看，现有的制度都不能有效地对公司大股东行为进行行之有效的监督和约束。

柯希嘉（2016）认为从股东大会的角度看，无论是国有控股上市公司，还是家族控制的上市公司，大股东一旦形成绝对控制权，那么股东大会的机制就很难对大股东的控制权发起挑战。一方面，大股东往往存在绝对控股的现象，使得股东大会被大股东操纵；另一方面，中小股东往往由于持股比例过低而存在搭便车的心理，导致大股东的行为不能通过股东大会进行约束。此外，中小股东持股分散，导致形成统一决议的成本较高，以至于中小股东往往采取用脚投票的方法，不能形成有效的约束机制。从董事会和监事会的角度看，上市公司大股东往往利用自身股权结构方面的优势，操纵董事会和监事会的形成，导致董事会和监事会往往成为大股东控制上市公司的形式，董事和监事的形成往往由控制性大股东提名和表决。因而公司法设置的公司董事会和监事会往往不能对大股东行为进行有效监督。从独立董事制度的角度看，上市公司聘请外部独立董事对上市公司的公司治理机制进行强化，加强外部人对公司内部实际控制人的监督和管理。这种制度在英美国家较为有效，但在中国上市公司中，股权结构的独特特征以及缺乏行之有效的行业自律和征信体制，导致独立董事往往沦为花瓶董事，不能对公司大股东的行为进行必要的约束和规劝，导致独立董事制度的功能弱化。

（三）佛山上市公司股权结构现状分析

本部分对佛山上市公司的股权结构现状进行分析研究。从已有的研究来看，股权结构往往通过第一大股东持股比例、持股稳定性，以及前五位或者前十位大股东持股比例、持股集中度、股权制衡度等指标来考量股权结构的特点和股权结构对其他公司治理结构问题的影响。

1. 样本选择

1993 年 11 月 12 日美的电器（现美的集团）在深圳证券交易所上市。随后几十年间不断有佛山市企业登陆 A 股，形成了著名的“佛山板块”。截至 2018 年年底，A 股市场共有 38 家佛山市企业，如下表 2-4 所示。

表 2-4 佛山历年 A 股上市公司的数量

单位：%

年份	上市公司家数	年份	上市公司家数
1993	2	2006	11
1994	3	2007	11
1995	4	2008	12
1996	4	2009	15
1997	4	2010	17
1998	4	2011	19
1999	5	2012	22
2000	8	2013	22
2001	8	2014	25
2002	9	2015	27
2003	9	2016	27
2004	9	2017	36
2005	9	2018	38

（数据来源：Wind 数据）

截至 2018 年年底，国内 A 股市场有 38 家佛山上市公司，香港股市有 16 家佛山上市公司，海外市场有 2 家佛山上市公司，共计 56 家上市公司。这里我们以截至 2018 年年底在国内上市的 38 家佛山上市公司为样本分析研究。

2. 股权集中度描述性统计分析

本部分将 1993—2018 年间佛山上市公司和全国上市公司的第一大股东持股比例均值进行比较，看佛山上市公司的第一大股东的股权比例和全国相比处于什么样的水平。如表 2-5 所示，佛山上市公司第一大股东的持股比例基本落后于同时期的全国平均水平，且从整体趋势上来说，佛山上市公司的第一大股东持股比例的均值是逐年下降的，如图 2-1 所示。

表 2-5 佛山上市公司第一大股东占比和全部 A 股上市公司第一大股东占比比较

单位：%

年份	佛山上市公司第一大股东持股比例均值	A 股上市公司第一大股东持股比例均值
1993	44.1177	44.7807
1994	44.1177	43.8457
1995	38.0033	43.5406
1996	38.0050	44.6550
1997	28.8133	45.1543
1998	28.8133	46.0307
1999	30.1250	45.9722
2000	36.1243	45.4982
2001	35.4286	44.4347
2002	34.9075	43.7088
2003	34.9075	42.7044
2004	32.5863	41.8471
2005	32.9738	40.3649
2006	29.4400	36.5887
2007	32.8191	36.2882

续 表

年份	佛山上市公司第一大股东 持股比例均值	A 股上市公司第一大股东 持股比例均值
2008	33.3017	36.6507
2009	31.7287	37.2274
2010	32.9356	36.9470
2011	33.2973	36.6919
2012	35.6456	37.1250
2013	33.7504	36.8022
2014	33.0568	36.5240
2015	31.2250	35.9780
2016	30.2579	34.9353
2017	29.2979	34.0993
2018	28.7168	33.9966

（数据来源：Wind 数据）

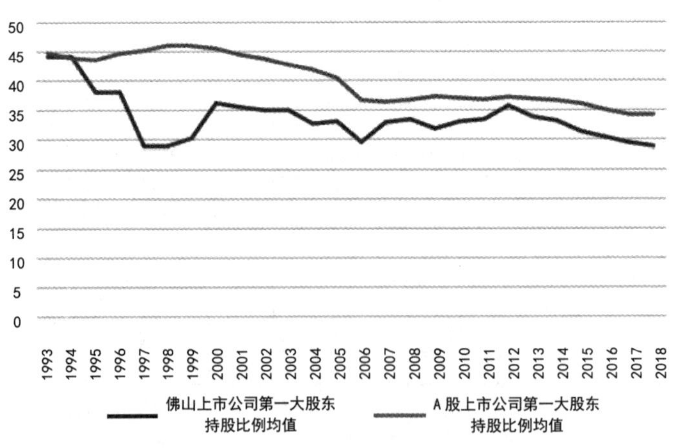

图 2-1 佛山上市公司第一大股东占比和全部 A 股上市公司第一大股东占比比较（%）

（数据来源：Wind 数据）

表 2-6 佛山上市公司前十大股东占比和全部 A 股上市公司前十大股东占比比较

单位：%

年份	佛山上市公司前十大股东持股比例均值	A 股上市公司前十大股东持股比例均值
1993	50.6626	59.7844
1994	52.3662	58.3961
1995	54.6450	60.6706
1996	50.7200	62.7461
1997	49.6533	61.5667
1998	49.2200	62.5631
1999	56.7150	62.9925
2000	56.1024	62.1873
2001	52.4630	61.2525
2002	54.3131	61.3569
2003	55.8044	61.2632
2004	55.2125	61.7244
2005	56.0863	60.7918
2006	55.8750	57.3093
2007	52.5940	56.8649
2008	53.8918	56.4496
2009	55.3214	57.1403
2010	58.1500	58.0635
2011	59.9600	59.0444
2012	59.2676	58.9234
2013	59.3943	57.9756
2014	62.3107	58.0466
2015	61.2539	59.0519
2016	63.3181	60.2358
2017	64.2341	60.7701
2018	61.4526	60.2531

（数据来源：Wind 数据）

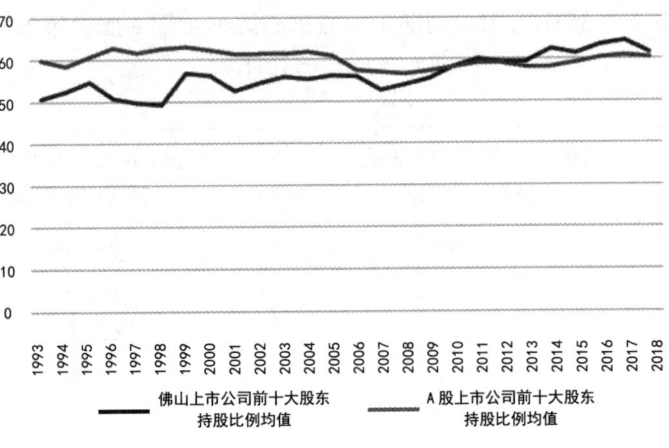

图 2-2 佛山上市公司前十大股东占比和全部 A 股上市公司前十大股东占比比较（%）

表 2-6 和图 2-2 是佛山上市公司前十大股东占股比例和全部 A 股上市公司前十大股东占股比例的比较，从图中可以看出从 1993 年佛山有上市公司算起，佛山上市公司的前十大股东股权占比合计的比例，也就是股权集中度明显低于 A 股的平均水平。到 2010 年这一情况发生了变化，佛山上市公司的股权集中度首次超过全国平均水平，并一直保持到了 2018 年，此时佛山上市公司前十大股东占比和全部 A 股上市公司前十大股东占比逐渐趋同。

（四）股权集中度对企业绩效的影响实证研究

1. 研究假设

为了研究股权结构对佛山上市公司业绩的影响，我们提出如下三个假设：

H1：股权集中度与佛山上市公司业绩正相关；

H2：国有股持股比例与佛山上市公司业绩负相关；

H3：法人股持股比例与佛山上市公司业绩呈 U 型关系。

因 1993—2006 年佛山上市公司相对较少，因此本研究采用 2007—2018 年佛山上市公司数量快速增长阶段的数据进行分析并检验。

2. 变量说明

（1）因变量（被解释变量）

即上市公司绩效变量（PERFORMANCE），目前被学者们广泛采用的衡量企业绩效的变量主要有：资产收益率（ROA）、净资产收益率（ROE）、托宾 Q 值（TOBINQ）。本书采用净资产收益率（ROE）和资产收益率（ROA）作为因变量。

（2）自变量（解释变量）

本研究的自变量有四个：一是表示股权集中度的两个自变量，分别是第一大股东占上市公司总股本的比例和前十大股东占上市公司总股本的比例；二是股权属性的指标，也有两个，分别是国有股占上市公司总股本的比例和法人股占上市公司总股本的比例。

（3）控制变量

表 2-7 为变量定义表，根据前人研究的结论，我们同时选择其他控制变量进入模型，以便控制其他可能影响公司绩效的变量带来的影响。这里选用的控制变量有：公司规模的自然对数 LNASSET，上市年龄 LIAGE，公司存续年龄 AGE。表 2-8 为变量的描述性统计表，表 2-9 虚拟变量描述性统计表。

表 2-7 变量定义表

变量	变量名称	变量符号
因变量	净资产收益率	ROE
	资产收益率	ROA

续 表

<table>
<tr><th>变量</th><th colspan="2">变量名称</th><th>变量符号</th></tr>
<tr><td rowspan="7">自变量</td><td rowspan="2">股权集中度</td><td>第一大股东持股比例</td><td>TOPSHAREONE</td></tr>
<tr><td>前十大股东持股比例</td><td>TOPSHARE10TOTAL</td></tr>
<tr><td rowspan="2">股权属性</td><td>国有股持股比例</td><td>STATERATIO</td></tr>
<tr><td>法人股持股比例</td><td>LEGRATIO</td></tr>
<tr><td rowspan="3">控制变量</td><td>上市年龄</td><td>LIAGE</td></tr>
<tr><td>公司年龄</td><td>AGE</td></tr>
<tr><td>公司规模</td><td>LNASSET</td></tr>
</table>

表 2-8 变量的描述性统计

变量名	样本数量	平均值	方差	最小值	最大值
ROE (净资产收益率)	201	6.042	44.89	-591.2	61.95
ROA (资产收益率)	201	6.469	9.186	-59.92	29.22
TOPSHAREONE (第一大股东持股比例)	201	27.94	11.85	11.03	58.26
TOPSHARE10TOTAL (前十大股东持股比例)	201	59.47	15.87	29.02	90.30
STATERATIORATIO (国有股持股比例)	201	0.0249	0.0776	0	0.453
LEGRATIO (法人股持股比例)	201	23.09	21.00	0.229	80.09
LNASSET (公司规模)	201	21.59	1.997	11.65	26.30
AGE (公司年龄)	201	18.33	5.572	5	37
LIAGE (上市年龄)	201	7.448	6.354	0	25
STAOWN (是否国有企业)	201	0.194	0.396	0	1

表 2-9 虚拟变量描述性统计表

变量名	样本总数	取 1 的样本数量	取 1 的样本比例
是否国有企业 STAOWN	201	39	162

3. 变量的相关性分析

（1）这里选用 Stata16 版软件对此次数据的变量做相关系数分析，首先采用 ROE 作为被解释变量，变量之间基本的相关关系如下表 2-10 所示。

表 2-10 股权结构相关指标之间的相关系数（皮尔逊系数）

变量名	ROE（净资产收益率）	TOPS1（第一大股东持股比例）	TOPS10（前十大股东持股比例）	STATERATIO（国有股持股比例）	LEGRATIO（法人股持股比例）	LNASSET（公司规模）	AGE（公司年龄）	LIAGE（上市年龄）	STAOWN（是否国有企业）
ROA（总资产收益率）	1	-	-	-	-	-	-	-	-
TOPS1（第一大股东持股比例）	0.123*	1	-	-	-	-	-	-	-
TOPS10（前十大股东持股比例）	0.127*	0.634***	1	-	-	-	-	-	-
STATERATIOTE（国有股持股比例）	0.0740	0.0480	-0.0840	1	-	-	-	-	-
LEGRATIO（法人股持股比例）	0.0110	0.210***	0.259***	-0.0450	1	-	-	-	-
LNASSET（公司规模）	0.0800	0.100	0.0530	0.0320	0.245***	1	-	-	-

续 表

变量名	ROE（净资产收益率）	TOPS1（第一大股东持股比例）	TOPS10（前十大股东持股比例）	STATERATIOTE（国有股持股比例）	LEGRATIO（法人股持股比例）	LNASSET（公司规模）	AGE（公司年龄）	LIAGE（上市年龄）	STAOWN（是否国有企业）
AGE（公司年龄）	-0.138*	-0.23***	-0.38***	0.117*	-0.0010	0.205***	1	-	-
LIAGE（上市年龄）	-0.0290	-0.40***	-0.57***	0.144**	0.274***	0.166**	0.381***	1	-
STAOWN（是否国有企业）	0.0990	-0.0650	-0.24***	0.585***	0.217***	0.130*	0.364***	0.483***	1

注：*、**、*** 分别表示在 10%、5% 以及 1% 的统计水平上显著。

从上述 ROE 与各股权结构指标之间的相关性可以简单地看出净资产收益率与第一大股东持股比例和前十大股东持股比例显著正相关，与国有股持股比例和法人股持股比例正相关，与上市年龄与公司存续年龄显著负相关，根据之前的研究假设，建立如下多元回归模型：

$$ROE=\beta_{10}+\beta_{11}TOPSHAREONE+\beta_{12}TOPSHARE10TOTAL+\beta_{13}LIAGE+\beta_{14}AGE+\beta_{15}LNASSET+\beta_{16}STAOWN+\delta1$$

——模型一

$$ROE=\beta_{20}+\beta_{21}TOPSHARE10TOTAL+\beta_{22}STATERATIO+\beta_{23}LIAGE+\beta_{24}AGE+\beta_{25}LNASSET+\beta_{26}STAOWN+\delta2$$

——模型二

$$ROE=\beta_{30}+\beta_{31}TOPSHARE10TOTAL+\beta_{32}LEGRATIO+\beta_{33}LIAGE+\beta_{34}AGE+\beta_{35}LNASSET+\beta_{36}STAOWN+\delta$$

——模型三

首先以 ROE 为被解释变量，对 2007—2018 年佛山上市公司股权结构相关的指标进行回归分析，在设定好面板数据后，分别使用固定效应模型和随机效应模型对数据回归，采用豪斯曼检验法进行判断，得出 $p = 0.0325$，小于 0.05，意味着拒绝原假设（即随机效应模型为正确模型的原假设），所以应该选择固定效应模型。下表 2-11 为固定效应的回归结果。

表 2-11 公司绩效（ROE）对股权结构指标的回归结果

模型	模型一	模型二	模型三
自变量名	ROE	ROE	ROE
TOPSHAREONE （第一大股东持股比例）	1.068*	-	-
	(1.71)	-	-
TOPSHARE10TOTAL （前十大股东持股比例）	1.528	1.659	1.497
	(1.42)	(1.44)	(1.43)
LNASSET （公司规模）	2.358	2.557	2.635
	(1.42)	(1.52)	(1.52)
AGE （公司年龄）	-2.114	-2.924**	-3.559**
	(-1.67)	(-2.26)	(-2.07)
LIAGE （上市年龄）	-	-	-
	-	-	-
STAOWN （是否国有企业）	2.611	5.679	6.402
	(0.20)	(0.42)	(0.46)
STATERATIO （国有股持股比例）	-	17.796	-
	-	(1.11)	-
LEGRATIO （法人股持股比例）	-	-	0.183
	-	-	(1.04)
CONSTANT （常数）	-127.328	-95.765	-80.081
	(-1.53)	(-1.11)	(-1.04)
回归统计指标	-	-	-

续 表

模型	模型一	模型二	模型三
OBSERVATIONS	201	201	201
R-SQUARED	0.097	0.091	0.094
NUMBER OF CODENEW	34	34	34
F TEST	0.125	0.154	0.162
R2_A	0.0735	0.0677	0.0703
F	1.876	1.733	1.701

注：*、**、*** 分别表示在 10%、5% 以及 1% 的统计水平上显著。

（2）采用 ROA 作为被解释变量，变量之间基本的相关关系如下表 2-12 所示。

表 2-12 股权结构相关指标之间的相关系数（皮尔逊系数）

变量名	ROA（总资产收益率）	TOPS1（第一大股东持股比例）	TOPS10（前十大股东持股比例）	STATERATIO（国有股持股比例）	LEGRATIO（法人股持股比例）	LNASSET（公司规模）	AGE（公司年龄）	LIAGE（上市年龄）	STAOWN（是否国有企业）
ROA（总资产收益率）	0.127**	1	-	-	-	-	-	-	-
TOPS1（第一大股东持股比例）	0.110*	0.569***	1	-	-	-	-	-	-
TOPS10（前十大股东持股比例）	0.0400	0.0230	-0.0680	1	-	-	-	-	-
STATERATIO（国有股持股比例）	-0.0820	0.218***	0.251***	-0.0560	1	-	-	-	-

续 表

变量名	ROA（总资产收益率）	TOPS1（第一大股东持股比例）	TOPS10（前十大股东持股比例）	STATERATIO（国有股持股比例）	LEGRATIO（法人股持股比例）	LNASSET（公司规模）	AGE（公司年龄）	LIAGE（上市年龄）	STAOWN（是否国有企业）
LEGRATIO（法人股持股比例）	-0.085*	0.0470	-0.00300	0.0780	0.236***	1	-	-	-
LNASSET（公司规模）	-0.204***	-0.342***	-0.378***	0.113*	0.00300	0.311***	1	-	-
AGE（公司年龄）	-0.252***	-0.480***	-0.619***	0.167***	0.267***	0.316***	0.572***	-	-
LIAGE（上市年龄）	0.0560	-0.0950	-0.233***	0.571***	0.195***	0.130**	0.337***	1	-
STAOWN（是否国有企业）	0.127**	-0.0650	-0.242***	0.585***	0.217***	0.130*	0.364***	0.483***	1

注：*、**、*** 分别表示在 10%、5% 以及 1% 的统计水平上显著。

以 ROA 为被解释变量，根据之前的研究假设，建立如下多元回归模型：

$ROA=\beta_{40}+\beta_{41}TOPSHAREONE+\beta_{42}TOPSHARE10TOTAL+\beta_{43}LIAGE+\beta_{44}AGE+\beta_{45}LNASSET+\beta_{46}STAOWN+\delta 1$

——模型四

$ROA=\beta_{50}+\beta_{51}TOPSHARE10TOTAL+\beta_{52}STATERATIO+\beta_{53}LIAGE+\beta_{54}AGE+\beta_{55}LNASSET+\beta_{56}STAOWN+\delta 2$

——模型五

$ROA=\beta_{60}+\beta_{61}TOPSHARE10TOTAL+\beta_{62}LEGRATIO+\beta_{63}LIAGE+\beta_{64}AGE+\beta_{65}LNASSET+\beta_{66}STAOWN+\delta$

——模型六

同样，以 ROA 为被解释变量时，首先使用固定效应模型和随机效应模型对数据回归，采用豪斯曼检验法进行判断，得出 p=0.0001，小于 0.05，意味着拒绝原假设（即随机效应模型为正确模型的原假设），所以应该选择固定效应模型。下表 2-13 为固定效应的回归结果。

表 2-13 公司绩效（ROA）对股权结构指标的回归结果

模型	模型四	模型五	模型六
变量名	ROA	ROA	ROA
TOPSHAREONE （第一大股东持股比例）	0.401	-	-
	(1.42)	-	-
TOPSHARE10TOTAL （前十大股东持股比例）	0.226**	0.240*	0.230*
	(2.33)	(1.94)	(1.91)
LNASSET （公司规模）	0.402	0.506*	0.500*
	(1.47)	(1.93)	(1.95)
AGE （公司年龄）	-0.840**	-1.246***	-1.316***
	(-2.45)	(-4.07)	(-4.18)
LIAGE （上市年龄）	-	-	-
STAOWN （是否国有企业）	4.323	6.242**	5.764*
	(1.39)	(2.05)	(1.85)
STATERATIO （国有股持股比例）	-	-9.261	-
	-	(-0.90)	-

续 表

模型	模型四	模型五	模型六
LEGRATIO （法人股持股比例）	-	-	0.045*
	-	-	(1.71)
CONSTANT （常数）	-12.288	3.159	3.971
	(-0.99)	(0.31)	(0.44)
回归统计指标	-	-	-
OBSERVATIONS	201	201	201
R-SQUARED	0.234	0.212	0.214
NUMBER OF CODENEW	34	34	34
F TEST	0.000168	0.000695	0.00258
R2_A	0.214	0.192	0.194
F	6.891	5.678	4.639

注：*、**、*** 分别表示在 10%、5% 以及 1% 的统计水平上显著。

从表 2-11 和表 2-13 中的回归结果中可以看出第一大股东持股比例和前十大股东持股比例在所有模型中都与绩效变量 ROA 和 ROE 正相关，且在模型一的回归结果中可以看到第一大股东持股比例与 ROE 的正相关性显著（显著性水平为 0.1）；法人股持股比例与绩效变量 ROE 和 ROA 在模型三和模型六中呈正相关性，且在模型六的回归结果中与 ROA 的正相关性显著（显著性水平为 0.1）；而国有股持股比例在模型五中与绩效变量 ROA 负相关，但是负相关性并不显著。

二、佛山上市公司高管薪酬和股权激励对公司绩效的影响

（一）高管薪酬在公司治理中的重要性

近年来，公司高管薪酬问题频频引发社会热议。平安保险集团的 CEO 马明哲 2007 年就拿过 6600 多万的年薪，2014 年联想集团的杨元庆以 1.3 亿年薪成为“中资港股最贵 CEO”，也是 A 股市场的“最贵 CEO”。这里的高管薪酬泛指公司高级管理人员在参与公司经营管理过程中所获得的各种物质类奖励，主要的形式有工资、奖金和长期激励性报酬。工资部分一般来说较为固定，与企业的业绩状况关系不大。奖金部分大多视业绩完成度而定，必须达到相应的业绩目标才能获得。而长期激励性报酬的形式最为丰富，包括了各种形式的现金激励和股权激励，但一般要在若干年之后公司成长到约定的规模才能兑现。根据美国《财富》杂志 2017 年的统计数据，1980 年美国大型企业负责人的薪酬是普通工人平均薪酬的 42 倍，到 2017 年这一薪酬差距已经飙升到了 347 倍。

而中国的情况与美国类似，公司高管与普通员工的薪酬差距迅速拉大。表 2-14 是 1382 家 A 股上市公司在 2004 年和 2018 年的薪酬差距数据。

表 2-14 2004 年和 2018 年高管薪酬差距

薪酬	金额前三的高管平均薪酬	员工平均薪酬	薪酬差距（倍数）
2004 年	20.07	2.347	8.5512
2018 年	95.68	3.032	31.55673

（数据来源：Wind 数据终端　单位：万元）

中国上市公司高管和普通员工的薪酬倍数已经达到了31倍，这个薪酬差距目前排在世界主要国家的第10位。针对高管薪酬过高问题，我国曾在2009由人社保障部会同审计署等六部门联合下发了《关于进一步规范中央企业负责人薪酬管理的指导意见》，被社会称之为“央企高管限薪令”。这一做法虽然是在金融危机的背景下提出的，但是张燕红（2009）以2010—2014这五年间受到“央企高管限薪令”影响的A股上市公司为样本，研究发现这些国有企业的薪酬激励效应明显低于其他企业，同时增长速度也赶不上同行业的非国企。因此她认为“央企高管限薪令”抑制了相关国企高管的积极性并拖累了国企的发展。

综合来看，上市公司高管的高薪酬既有合理的地方也有不合理的地方。赵颖（2016）认为高管高薪酬的合理性在于公司高管的机会成本，高管获得的薪酬激励不能低于别的任职机会给他的激励，也就是要高过高管的机会成本才能留住人才，因此给高管制定较高的薪酬才能应对市场上的人才竞争。林浚清（2003）认为给公司高管发高薪酬不仅是发给高管的奖励，更是发给中层和下层员工看的，通过一个金字塔式的薪酬制度设计一整套递进的晋升阶梯，越往上薪酬差异越大，就像一场锦标赛，激励往上走的人更想赢得比赛。

而高管高薪酬的不合理之处主要在于高管的薪酬太高且缺乏惩罚机制。2019年全球很多大型上市公司的业绩严重下滑，但很多公司的CEO和管理层的薪酬却还是很高甚至大幅增加，例如波音737MAX飞机在经历数次空难后被多国航空公司取消订单，公司业绩亏损严重，但是其CEO米伦伯格仍然可以按照合同拿到近三千万美元的年薪，薪酬较上一年增长了27%。这样不合理的薪酬制度安排不仅与激励的本意相悖，更损害了股东的利益。因此制定一套符合公司和股东利益的高管薪酬制度，将高管薪酬与公司绩效挂钩，既有利于调动高管积极性，也有利于缓解股东对管理层的信任危机。

但如何建立合理高效的高管薪酬制度是放在所有上市公司面前的一道难题。国外学者对相关的研究起步较早，如 Jensen 和 Murphy 早在 1990 年就对 2213 名高管的薪酬和公司业绩进行了研究，并认为高管薪酬与公司业绩之间的相关性较弱。而国内学者对高管薪酬和公司绩效之间的研究起步较晚，大多数都是 1998 年证监会要求上市公司披露高管年度薪酬等信息后开始的，魏刚（2000）对 1999 年公布年报的 816 家 A 股上市公司的高管薪酬和公司业绩进行实证分析后发现上市公司高级管理人员年度货币收入普遍偏低，报酬结构不合理且形式单一，收入水平存在明显的行业差异。此外，高级管理人员持股水平偏低，“零持股”现象比较普遍，并且激励高级管理人员持股的措施也没有达到预期效果，只是一种福利制度的安排。

随着近年来我国市场经济改革的逐步深入，上市公司在做大做强的过程中对于高级管理人才的需求也越来越强。王秀芬（2017）认为我国上市公司实施高管股权激励的强度并不大，应该相应地加大股权激励薪酬在高管薪酬总额中的比例，进一步探索出最适合企业的高管持股比例。只有这样才能充分激励高管发挥其才能，提高公司的经营绩效。

（二）相关文献综述

1. 高管薪酬与公司绩效之间的理论探讨

纵观国内外学者对高管薪酬和公司绩效之间的研究发现，支持高管高薪酬的理论主要有锦标赛理论，反对高管高薪酬的理论主要有社会比较理论。

（1）锦标赛理论

锦标赛理论（Tournament Theory）是由管理经济学之父 Edward P.Lazear 和美国公共经济学家 Harvey S.Rosen 共同提出的。锦标赛理论认为与既定晋升相联系的工资增长幅度，会影响到位于该工作等级以下的员工的积极性。因此，锦标赛理论模型中认为要诱使竞赛者（公司员工）的努力，必须付出相对高的奖金来激励他们，若以较大的奖金 (薪酬差距) 可以诱使高层管理人员产生较大的努力，则会给企业带来更多的产出及绩效。因此在锦标赛理论模型中假设当企业委托人的监督成本高的时候，组织若以相对绩效来激励企业的员工，会优于以绝对绩效来激励员工，高的竞赛奖金(薪酬差距)则会给竞赛者大的动力，在赢家与输家的竞争下，他们竞赛努力的成果终将会提升组织的绩效（余胜田，2019）。

（2）社会行为理论

社会比较理论是美国社会心理学家利昂•费斯廷格（Leon Festinger）在1954年提出来的社会行为学理论。社会比较理论认为薪酬外部不公平容易引发高管的“黑嫉妒”心理，导致其寻求替代性补偿激励而增加非效率投资。而企业内部部分高管的高薪酬不仅不能提高公司的绩效，所导致的薪酬差异反而会使低薪酬高管的工作效率降低。

2. 从定性和定量两种角度总结国内外学者对于高管薪酬的研究

表2-15与表2-16分别为国内外学者对上市公司高管薪酬与企业绩效的定性研究表与定量研究表。

表2-15 国内外学者对上市公司高管薪酬与企业绩效的定性研究

学者	研究对象	主要研究结论
李渝萍(2006)	国有控股上市公司	肯定了锦标赛理论在公司实际营运中的正确性并建议企业据此建立有效的高管人力资本激励机制；依据社会比较理论设计符合中国市场情况的薪酬构成计划
聂　华(2006)	A股上市公司	以股权激励理论的角度认为高管股权激励与企业绩效呈U型关系
鲁海帆(2006)	上市公司	理论依据为锦标赛理论、社会行为理论，认为两者都有其适用范围。锦标赛理论适用于业绩表现好但全面监督成本很高的情况；社会行为理论适用于竞争者能互相影响情况

表 2-16 国内外学者对上市公司高管薪酬与企业绩效的定量研究

学者	研究对象	主要研究结论
魏　刚(2000)	1999 年上市公司	高管人员的现金报酬水平与公司的经营绩效不存在显著的相关关系，而与企业的规模显著相关，且存在显著的地区和行业差异
陈志广(2002)	2000 年 575 家沪市上市公司	高管人员年度现金报酬与企业绩效，企业规模显著相关
张俊瑞(2003)	2001 年 A 股上市公司	高管人员年度薪金报酬与每股收益、公司规模显著正相关，但表现出不稳定性，呈现多元线性关系
杜胜利(2005)	2002 年 A 股上市公司	对高管现金报酬具有显著影响的变量有公司绩效、公司规模、国有股比例和无形资产比例
张恩众(2006)	2004 年 A 股上市公司	高管现金报酬水平与公司业绩呈现正相关关系，但若按业绩盈亏分开来看，则激励有余而约束不足
高　雷(2006)	1998—2003 年上市公司	管理者现金报酬与企业绩效的关系是非线性的，即管理者现金报酬与企业绩效先正相关，后负相关（倒 U 型）
堪新民(2003)	2001 年 A 股上市公司	年薪与经营绩效呈显著弱相关关系，且实行年薪制的上市公司其绩效明显好于实行非年薪制的公司，领薪又持股的上市公司经营者的年薪与其经营绩效显著正相关；董事长、总经理两职兼任的经营者年薪与公司绩效均不显著相关
刘　斌(2003)	1997—2000 年上市公司	高管人员的现金报酬与公司业绩有显著正相关关系，且决定 CEO 薪酬增长的因素主要是营业利润率变动，决定 CEO 薪酬下降的因素则主要是总资产净利率变动
黄桂田(2009)	2007 年国有控股上市公司	员工持股包括管理层持股对企业绩效的影响存在拐点，超过一定比例，公司绩效开始下降甚至出现负向影响

续 表

学者	研究对象	主要研究结论
张宏敏（2003）	2006—2008 年 A 股上市公司	成长性好的公司、资产负债率低的公司、股权集中度低的公司实施的股票期权激励效果更好；私营性质上市公司股票期权激励效果更好
张正堂（2007）	2001—2004 年 A 股上市公司	在没有加入协作需要变量时，薪酬差距并没有对企业绩效表现出正向的影响；当加入协作需要变量时，两者表现出显著的负向关系
邹 媛（2007）	2004 年 A 股上市公司	基于锦标赛理论，我国上市公司经营者内部薪酬差距与企业绩效之间呈显著正相关关系，且较大的内部薪酬差距有利于提高企业绩效
林浚清（2003）	1999 —2000 年 A 股上市公司	高层管理人员内部薪酬差距和公司未来绩效之间具有显著的正向关系，且影响我国高管薪酬差距的主要因素是公司治理结构上的缺陷

（三）佛山上市公司高管持股及薪酬现状分析

我国证监会在 1998 年要求上市公司披露高管年度薪酬等信息后国内学者对上市公司高管薪酬与公司绩效的相关关系的研究开始增多。在政策层面，国资委于 2003 年 11 月和 2007 年 5 月年两次发文明确指出将央企负责人的薪酬与企业业绩直接挂钩，并开展央企负责人中长期激励的试点。但是另一方面政府又对高管薪酬进行限制，在 2009 年颁布了“央企限薪令”。这种前后矛盾的政策势必会影响国有企业薪酬激励制度改革的效果。我国民营企业的股权激励虽然不受政策限制，但是多年来进展缓慢，截至 2017 年年末公开宣布已有高管股权激励计划 A 股上市公司只有 104 家，占比 2.715%；公开宣布已经制定了股权激励方案的 A 股上市公司有 188 家，占比为 4.901%。换句话说 95% 的 A 股上市公司并没有制定或者没有公开相应的高管股权激励计划。

截至 2018 年年末，佛山 37 家上市公司中仅有海天味业和美的集团制定了高管持股激励计划，因此我们不将股权激励计划作为主要的研究指标，而是将2004—2018 年 15 年间的A股上市公司的金额前三的高管薪酬均值，高管持股比例（限售股）和薪酬差距（高管薪酬均值和员工薪酬均值的比值）和同时期的佛山上市公司进行比较，看佛山上市公司的上述指标在全国处于什么样的水平。

1. 样本选择

2004—2018 年佛山 A 股上市公司中披露了高管薪酬、高管持股比例和员工薪酬的上市公司数量如表 2-17 所示。2004 年只有 6 家，2018 年达到了 37 家。

表 2-17 披露了高管薪酬、高管持股比例和员工薪酬的佛山上市公司历年的分布

年份	2004	2005	2006	2006	2007	2008
公司数量	6	6	8	8	9	12
年份	2009	2010	2011	2012	2013	2014
公司数量	16	17	20	24	26	27
年份	2015	2016	2017	2018	合计	-
公司数量	28	29	37	37	公司数量	284

（数据来源：Wind 数据）

2. 佛山上市公司与全部 A 股上市公司高管薪酬比较

我们同时计算了 2004—2018 年佛山上市公司和全部 A 股上市公司排名前三的高管薪酬均值，表 2-18 是历年均值对照表。如果以时间作为横轴，我们可以通过图 2-3 看到二者的趋势变化。

表 2-18 佛山上市公司与全部 A 股上市公司高管薪酬均值比较

时间	佛山上市公司高管薪酬均值（万元）	全国 A 股上市公司高管薪酬均值（万元）
2004	40.90	20.07
2005	51.65	20.84
2006	26.99	25.49
2007	41.83	38.50
2008	35.38	38.46
2009	42.02	41.63
2010	44.99	47.22
2011	50.66	53.07
2012	51.54	56.90
2013	84.32	61.92
2014	97.13	66.03
2015	107.5	72.05
2016	107.8	76.38
2017	112.6	83.90
2018	129.8	95.68

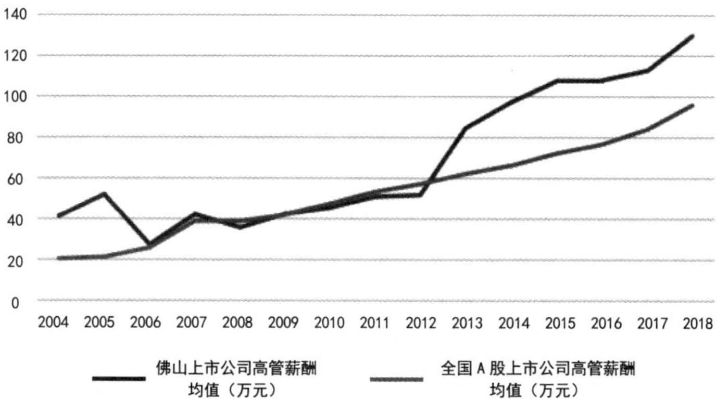

图 2-3 佛山上市公司与全国 A 股上市公司高管薪酬均值趋势比较图

如表 2-18 和图 2-3 所示，A 股上市公司的高管薪酬均值在 2004—2018 年间一直都处于稳定的上升态势，而佛山上市公司的高管薪酬均值在 2004—2008 年波动较大，可能是由于这几年佛山上市公司披露的相关数据样本数量较少造成的，但 2008 年之后佛山上市公司的高管薪酬均值处于上升状态，且佛山上市公司高管薪酬的涨幅明显快于全国 A 股上市公司的高管薪酬涨幅，截至 2018 年年末，佛山上市公司高管薪酬均值与全国平均水平的绝对差达到了 34.12 万元，换句话说，佛山上市公司的高管拿到的薪酬比国内其他城市的高管高了超过三分之一。

3. 佛山上市公司与全部 A 股上市公司高管持股比较

接下来我们看看上市公司与全部 A 股上市公司高管持股（限售股）均值的差异。由表 2-19 可以看到，佛山上市公司的历年高管持股均值都要高于整体 A 股上市公司。说明佛山上市公司的股权激励水平较高。

表 2-19 佛山上市公司与全部 A 股上市公司高管持股均值比较

时间	佛山上市公司高管持股均值（单位：%）	全国 A 股上市公司高管持股均值（单位：%）
2005	0.7494	0.038235
2006	0.025	0.872563
2007	12.9	2.473581
2008	10.7	3.438252
2009	20.3	6.901113
2010	13.9	11.6423
2011	15	9.986963
2012	13.5	9.006662

续 表

时间	佛山上市公司高管持股均值（单位：%）	全国 A 股上市公司高管持股均值（单位：%）
2013	8.95	8.31762
2014	15	12.73989
2015	14.8	12.65239
2016	9.15	15.19423
2017	20.2	15.73596
2018	9.27	9.181219

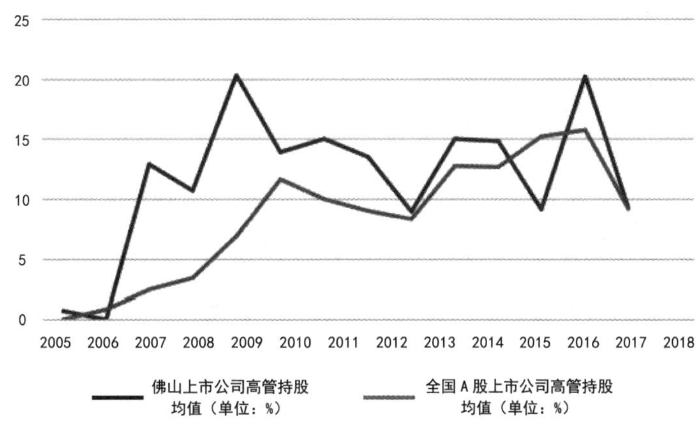

图 2-4 佛山上市公司与全国 A 股上市公司高管持股均值趋势比较

从图 2-4 中我们可以看出，在 2004—2018 年 15 年间全国 A 股市场高管持有的限售股比例一直在上下波动，这和企业每年的经营绩效以及公司给予高管的股权激励计划有很大关系。虽然高管持股比例波动很大，但整体水平也是在波动中逐步提高的。佛山上市公司在这一指标上除了个别年份（2006 年和 2016 年）外都领先于全国平均水平，说明佛山上市公司的高管持股情况优于全国平均水平。

（四）佛山上市公司高管薪酬对公司绩效的影响实证分析

1. 研究假设

纵观国内外学者对于高管薪酬和公司绩效之间的研究，大多从高管的现金薪酬，高管的持股数量（包括限售股和非限售股），高管与员工的薪酬差距三个方面来研究高管薪酬与公司绩效之间的关系，为了验证高管薪酬与企业绩效之间的关系，本书提出以下三个假说：

H1：高管现金薪酬工资与公司经营绩效正相关；

H2：高管持股（限售股）比例与企业绩效正相关；

H3：薪酬差距与企业绩效正相关。

2. 变量说明

（1）因变量（被解释变量）

即上市公司绩效变量（PERFORMANCE），目前被学者们广泛采用的衡量企业绩效的变量主要有：资产收益率（ROA）、净资产收益率（ROE）、托宾 Q 值（TOBINQ）。本书采用净资产收益率（ROE）和资产收益率（ROA）作为因变量。

（2）自变量（解释变量）

本小节的自变量有三个：一是金额前三的高管薪酬均值，为了数据处理方便，取该变量的自然对数；二是高管持有的限售股比例；三是企业的薪酬差距，该变量为高管薪酬均值和员工薪酬均值的比值。

（3）控制变量

为了使模型更加贴近真实情况，我们在模型中加入若干控制变量，具体见变量定义表 2-20。

表 2-20 变量定义表

变量类型	变量名称	变量代码	变量定义
因变量	净资产收益率	ROE	固定年净收入与总资产的比率
	资产收益率	ROA	固定年净收入与平均股东权益的比率
自变量（高管薪酬）	高管薪酬	LNAEC	金额前三高管薪酬均值的自然对数
	高管持限售股比例	SENSTOCK	高管持有的限售股比例
	薪酬差距	PAYDIFF	高管薪酬和员工薪酬的比值
控制变量	公司年龄	AGE	公司从成立至今的年龄
	公司规模	LNASSET	每年公司账面资产价值的自然对数
	员工薪酬	EMPAY	应付职工薪酬和员工总数的比值
	是否国有企业	STAOWN	是国有企业赋值为 1，非国有企业赋值为 0

样本变量的描述性统计分析见表 2-21 所示。样本公司有 81 家，公司的盈利能力指标 ROA 均值为 8.91%。

表 2-21 变量的描述性统计

变量名	样本数量	平均值	方差	最小值	最大值
ROA（资产收益率）	81	8.971	5.160	-1.140	29.22
ROE（净资产收益率）	81	11.54	8.999	-15.81	44.06
LNAEC（高管薪酬）	81	13.79	0.605	12.05	15.55
SENSTOCK（高管持限售股比例）	81	0.154	0.202	0	0.667
PAYDIFF（薪酬差距）	81	370.0	2，045	17.39	18，439
EMPAY（员工薪酬）	81	14，359	9，855	34.35	42，373
LNASSET（公司规模）	81	21.48	0.837	19.78	25.30
AGE（公司年龄）	81	13.21	3.538	7	18

表 2-22 虚拟变量描述性统计

变量名	样本总数	取 1 的样本数量	取 0 的样本比例
STAOWN 是否国有企业	81	15	66

虚拟变量 STAOWN 取值为 1 表示是国有企业，取值为 0 表示非国有企业，如表 2-22 所示。样本中，有 18.52% 为国有企业。

3. 实证研究及结论

本书选用 STATA16 作为数据分析的软件，先对变量做相关系数分析，找到变量之间最基本的相关关系，如表 2-23 所示。

表 2-23 变量的皮尔逊相关系数

变量名	ROA（资产收益率）	ROE（净资产收益率）	LNAEC（高管薪酬）	SENSTOCK（高管持限售股比例）	PAYDIFF（薪酬差距）	EMPAY（员工薪酬）	LNASSET（公司规模）	AGE（公司年龄）	STAOWN（是否国有企业）
ROA（资产收益率）	1	-	-	-	-	-	-	-	-
ROE（净资产收益率）	0.89***	1	-	-	-	-	-	-	-
INAEC（高管薪酬）	0.176	0.218*	1	-	-	-	-	-	-
SENSTOCK（高管持限售股比例）	0.0510	-0.0680	-0.49***	1	-	-	-	-	-
PAYDIFF（薪酬差距）	0.0220	-0.0040	-0.0480	0.244**	1	-	-	-	-
EMPAY（员工薪酬）	0.44***	0.35***	0.280**	-0.127	-0.209*	1	-	-	-

续 表

变量名	ROA（资产收益率）	ROE（净资产收益率）	INAEC（高管薪酬）	SENSTOCK（高管持限售股比例）	PAYDIFF（薪酬差距）	EMPAY（员工薪酬）	LNASSET（公司规模）	AGE（公司年龄）	STAOWN（是否国有企业）
LNASSET（公司规模）	-0.0280	0.0990	0.59***	-0.50***	-0.110	0.183	1	-	-
AGE（公司年龄）	-0.0720	-0.0300	-0.0600	-0.107	-0.164	0.223**	0.173	1	-
STAOWN（是否国有企业）	-0.0490	-0.0650	0.0260	-0.37***	-0.0570	0.181	0.39***	-0.137	1

注：*、**、*** 分别表示在 10%、5% 以及 1% 的统计水平上显著。

从上述绩效变量 ROA 与高管薪酬指标之间的皮尔逊相关系数可以看出 ROA 与高管薪酬，高管持限售股比例和薪酬差距都具有正相关关系，而 ROE 与高管薪酬的正相关关系显著，但是与高管持限售股比例和薪酬差距负相关。

（1）根据之前的研究假设，建立如下多元回归模型：

$$\text{PERFORFAMCE} = \beta_0+\beta_1\text{LNAEC}_{i,t}+\beta_2\text{SENSTOCK}_{i,t}+\beta_3\text{PAYDIFF}_{i,t}+\beta_4\text{AGE}_{i,t} +\beta_5\text{EMPAY}_{i,t}+\beta_6\text{STAOWN}_{i,t}+\beta_7\text{LNASSET}_{i,t}+\delta 1$$

——模型一

（2）回归结果

首先以 ROE 为被解释变量，设定好面板数据后进行回归分析，分别使用固定效应模型和随机效应模型对应数据回归、回顾结果，如表 2-24 所示。豪斯曼检验的 p 值为 0.2757，大于 0.05，意味着接受原假设（即随机效应模型为正确模型的原假设），所以应该选择随机效应模型。

表 2-24 以 ROE 为绩效变量时的回归结果

变量名	变量代码	因变量：ROE		
		系数	T 值	P 值
高管薪酬	LNAEC	-0.138	-0.05	0.964
高管持限售股比例	SENSTOCK	-3.796	-0.52	0.605
薪酬差距	PAYDIFF	0.000*	1.96	0.050
公司年龄	AGE	-0.440	-1.53	0.125
公司规模	LNASSET	1.246	0.87	0.383
员工薪酬	EMPAY	0.000**	2.30	0.021
是否国有企业	STAOWN	-5.434	-1.50	0.134

注：*、**、*** 分别表示在 10%、5% 以及 1% 的统计水平上显著。

再以 ROA 为被解释变量，设定好面板数据后，分别使用固定效应模型和随机效应模型对数据回归，豪斯曼检验的 p 值为 0.2778，大于 0.05，接受原假设（即随机效应模型为正确模型的原假设），所以应该选择随机效应模型。下表 2-25 为该模型随机效应的回归结果。

表 2-25 以 ROA 为绩效变量时的回归结果

变量名	变量代码	因变量：ROA		
		系数	T 值	P 值
高管薪酬	LNAEC	0.408	0.23	0.821
高管持限售股比例	SENSTOCK	2.407	0.75	0.452
薪酬差距	PAYDIFF	0.000	0.96	0.338
员工薪酬	EMPAY	0.000***	3.33	0.001
公司规模	LNASSET	-0.338	-0.40	0.689
公司年龄	AGE	-0.388***	-2.85	0.004
是否国有企业	STAOWN	-1.200	-0.50	0.617

注：*、**、*** 分别表示在 10%、5% 以及 1% 的统计水平上显著。

从上述回归结果来看，当选择净资产收益率 ROE 为绩效变量时，高管薪酬与高管持有的限售股比例均与 ROE 负相关，而选择资产收益率 ROA 为绩效变量时，高管薪酬与高管持有的限售股比例均与 ROA 正相关，且相关性都不显著。而无论是用 ROE 还是 ROA 做解释变量，薪酬差距与 ROE 和 ROA 都不相关。

（五）结论及对策建议

首先回顾本部分的三个研究假设：

H1：高管现金薪酬工资与公司经营绩效正相关；

H2：高管持股（限售股）比例与企业绩效正相关；

H3：薪酬差距与企业绩效正相关。

当选择 ROE 为企业绩效指标时，回归结果并不支持以上三个假设。而选择 ROA 为企业绩效指标时，回归结果支持第一个和第二个假设，但并不支持第三个假设，且无论是 ROE 还是 ROA 做绩效变量，都与薪酬差距无相关关系。

根据实证分析的结果，当我们选择两种不同的绩效变量（ROA 和 ROE）作为被解释变量时得出完全相反的高管薪酬指标与公司绩效的相关关系，因此我们认为高管薪酬和高管持有的限售股比例与佛山上市公司的经营绩效并无固定的相关关系，而从佛山上市公司与全国 A 股上市公司的对比来看，佛山上市公司的这两项指标都明显高于全国平均水平，说明佛山上市公司发放给企业高管的待遇高于全国平均水平，但是佛山上市公司高管的高薪酬福利并没有给公司带来显著的绩效提高。

因此我们建议适当调整高管的直接现金报酬，以公司经营绩效等作为主要考核指标，合理地分配高管的固定工资和绩效奖金，同时佛山上市公司应更多地制定高级管理人员的长期股权激励计划，将行业人才和公司利益牢牢绑定在一起，从而实现公司股东和管理层的利益最大化。

三、佛山上市公司机构投资者持股情况研究

机构投资者是指用自有资金或者以公开和非公开的方式筹集的资金专门进行有价证券投资活动的法人机构。机构投资者起源于20世纪六七十年代的欧美股市，因其专业性和相对稳定的回报率获得众多散户的认可并逐渐发展壮大，成为影响股市的一股重要力量。机构投资者一般可以长期投资也可以短期灵活调整投资策略，专业性碾压绝大多数散户。参照最新的《新帕尔格雷夫货币与金融词典》对机构投资者定义，欧美等国的机构投资者一般指管理长期储蓄的专业化的金融机构。这些金融机构主要是专业化管理，包括养老基金、人寿保险基金和投资基金或单位信托基金等。本书所定义的狭义的机构投资者除了包括证券投资基金外，还包括证券公司、保险公司、社保基金、信托投资公司、财务公司、企业年金、银行、非金融类上市公司、阳光私募基金以及合格的境外投资机构（QFII），一共包括十一大类机构投资者。

无论在国外还是国内，机构投资者在对一家上市公司进行投资前，一般会对这家公司和公司所处的行业进行调研，这些调查方式往往多种多样，不仅考察许多行业公认的指标，也考察机构投资者们独创的指标，在拿到可靠的调查结果后，机构投资者会对上市公司进行评级，评级越高，投资越多。换句话说，一家上市公司的机构投资者持股比例越高，代表这些专业的投资者越认可这家公司。并且有学者研究发现，一些机构持股者买入一家上市公司的股票时，会对公司治理提出积极的建议，不仅提升了上市公司的治理质量，同时提高了上市公司股票在二级市场的表现。大多数情况下，机构投资者与上市公司之间会产生良性互动，机构投资者用真金白银支持上市公司发展并提出公司治理建议，上市公司业绩得以提升，用股价的表现回报机构投资者，这是双赢的局面。

（一）佛山上市公司中机构投资者持股现状分析

1993 至 1997 年间，虽然中国已经刮起了股市交易的春风，并形成了一大批以炒股为生的股民群体，但都是散户，并没有形成真正的投资机构。1997 年，《证券投资基金管理暂行办法》的颁布标志着我国机构投资者正式进入发展阶段。1998 年，第一只封闭式基金——开元基金成立并开始运作，真正意义上的专业机构投资者得以引入。2001 年，证监会提出超常规地、创造性地发展机构投资者，并在同一年设立了我国第一只开放式基金——华安基金。2002 年底 QFII（合格境外机构投资者）制度的实施引入了境外投资者，瑞士银行、野村证券成为首批获批机构投资者，摩根士丹利、高盛、花旗等也逐步加入，并且在之后十几年的时间里，QFII 投资额度不断提升，投资限制从多到少，从有到无。2004 年，第一只阳光私募基金——深国投集合资金信托计划成立，由此拉开私募基金快速发展的序幕，并且私募投资者中开始出现各类资产管理产品，私募队伍日益壮大。2005 年，华泰财产保险公司在市场下单买入股票，开启了保险公司对股市的投资，近几年保险资金持续发展壮大，已成为 A 股市场增量资金的重要来源。近几年，保障类资金也开始加入股市，2013 年全国社保基金正式入市，2017 年起首批养老保险基金入市，A 股市场机构投资者的类型日渐丰富，结构渐趋优化。此外，2017 年 6 月 A 股成功加入 MSCI 这一全球影响力最大的股票指数，吸引了大批的境外投资者登陆 A 股市场。境外投资者为 A 股市场注入新鲜的血液，有利于进一步调整市场结构和加快 A 股的国际化进程，境外机构投资者坚持的价值投资理念，也对引导 A 股投资风格具有重要意义（沈俊，2018）。

截至 2018 年年底，37 家佛山市 A 股上市公司均有机构投资者持股，其中机构投资者持股比例最高的是 2017 年上市的佛山燃气集团，为 79.6644%，机构投资者持股比例最低的是老牌 LED 生产厂商雪莱特光电，机构持股比例仅为0.0163%。

这37家上市公司中，QFII(合格的境外投资者)持股的公司分别有三家，分别是佛燃股份0.0893%，瀚蓝环境1.4235%，美的电器2.647%。

表2-26展示了自1993年佛山有了A股第一家上市公司以来，截至2018年年末，机构投资者持股佛山市上市公司和A股上市公司的情况。

表2-26 佛山及全部A股上市公司历年机构投资者持股比较（%）

年份	佛山上市公司机构投资者持股比例均值	有机构投资者投资的佛山上市公司数量	全国A股上市公司机构投资者持股比例均值	有机构投资者投资的A股上市公司数量
1993	0	0	0	0
1994	0	0	0	0
1995	0	0	0	0
1996	0	0	0	0
1997	0	0	0	0
1998	0	0	8.8044	36
1999	10.7766	1	11.63341	81
2000	6.749075	4	5.617162	403
2001	5.175175	4	4.254137	444
2002	9.50605	4	5.371291	645
2003	13.4108	4	7.39046	985
2004	13.98998	6	8.790756	1199
2005	13.05428	6	10.19319	1220
2006	13.47099	7	14.66349	1284
2007	18.16514	7	22.20818	1389
2008	17.82664	9	26.29437	1487
2009	18.60137	10	34.43021	1619
2010	28.14085	13	36.85343	1978
2011	25.60057	16	37.85781	2265
2012	20.44457	20	37.10392	2421

续 表

年份	佛山上市公司机构投资者持股比例均值	有机构投资者投资的佛山上市公司数量	全国A股上市公司机构投资者持股比例均值	有机构投资者投资的A股上市公司数量
2013	25.8587	21	39.50753	2420
2014	28.58264	24	39.14191	2545
2015	30.49609	27	39.46686	2787
2016	31.47208	27	37.62152	3027
2017	28.09059	34	35.03419	3446
2018	28.06846	37	38.01383	3552

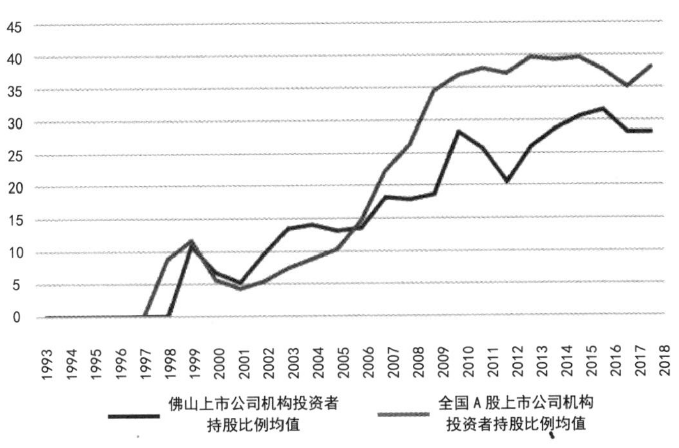

图2-5 佛山上市公司和全国A股上市公司机构投资者持股比例比较(%)

从图2-5佛山上市公司机构投资者持股比例和全国A股上市公司机构投资者持股比例比较中可以看出，佛山市上市公司的机构投资者持股比例均值在1999—2005年之间高于全国平均水平，2005年股份制改革后这一指标一直低于A股市场的平均水平，截至2018年年底，全国3776家上市公司中有3552家有机构投资者参与投资，均值为38%，而佛山上市公司被机构投资者持股比例的均值只有28%。总体而言，佛山上市公司被机构投资者持股比例均值，落后于全国A股被机构持股比例的均值。

（二）佛山上市公司中机构投资者持股比例与其他地级市的比较分析

本小节我们分析佛山与其他地级市上市公司被机构投资者持股情况比较。我们选取同级别城市来做对比。首先比较佛山在珠三角9市当中的情况，再把佛山和长三角地级市做对比，以期找到机构投资者投资上市公司是否有地域上的偏好，佛山在当中是否占优势。

1. 佛山与珠三角9市的上市公司机构投资者持股比较

表2-27是2018年佛山市与珠三角9市的上市公司被机构投资者持股比例的比较。由表2-27所示的数据可知，佛山上市公司中平均只有28.06846%的股份被机构投资者持有，该比例仅仅领先于中山的26.82389%，佛山在珠三角9市中排名第8，非常落后。说明机构投资者不太青睐佛山的上市公司。

表2-27 2018年佛山市上市公司机构投资者持股比例与珠三角9市的比较

珠三角9市	2018年有机构投资者投资的上市公司数量	2018年机构投资者持股比例均值（%）
佛山市	37	28.06846
广州市	98	40.37247
深圳市	283	35.14924
珠海市	27	28.26493
东莞市	27	31.94649
中山市	19	26.82389
江门市	7	28.38773
肇庆市	7	34.81797
惠州市	11	38.04523
平均值	57.33	32.4307

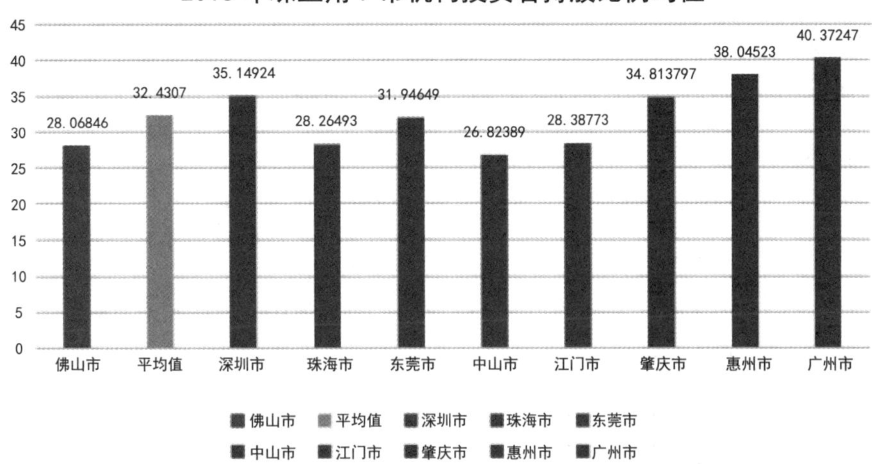

图 2-6 珠三角 9 市上市公司机构投资者持股比例均值比较（%）

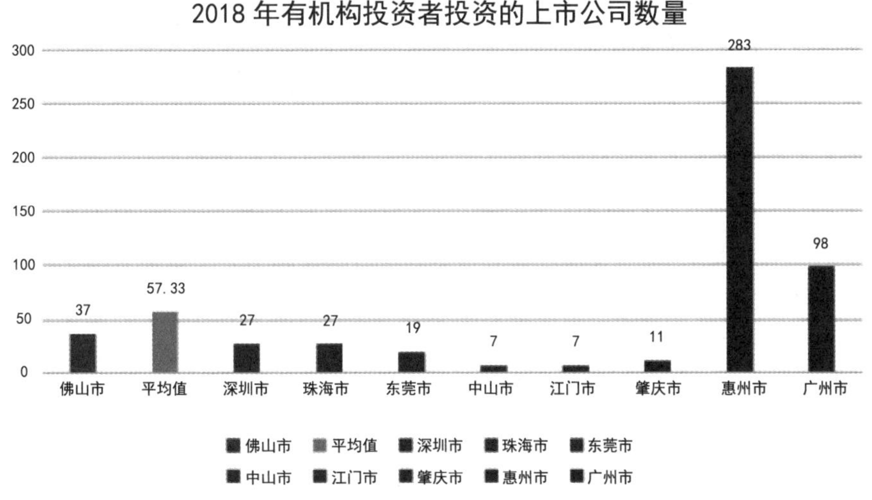

图 2-7 珠三角 9 市机构投资者投资上市公司数量比较

图 2-6 与图 2-7 用 2018 年年末佛山市上市公司的机构投资者投资的上市公司数量和持股比例这两项指标分别和珠三角 9 市和长三角 9 市做了对

比。我们可以发现，佛山市在珠三角内有机构投资者参与投资的上市公司数量仅次于广州和深圳，但是在绝对值上有较大差距，但是在机构投资者持股比例均值这一指标上仅高于中山市，排在倒数第二，佛山市的上市公司在珠三角九 9 市里并不是特别受机构投资者青睐。

2. 佛山与长三角 9 市的上市公司机构投资者持股比较

表 2-28 是 2018 年佛山市与长三角 9 市的上市公司被机构投资者持股比例的比较。由表所示的数据可知，佛山上市公司中平均只有 28.06846% 的股份被机构投资者持有，该比例仅仅领先于无锡的 24.79418%，佛山在长三角 9 市中排名第 8，非常落后。说明与长三角 9 市相比，机构投资者同样不太青睐佛山的上市公司。

表 2-28 2018 年佛山市上市公司机构投资者持股比例与长三角 9 市的比较

长三角 9 市	2018 年有机构投资者投资的上市公司数量	2018 年机构投资者持股比例均值（%）
佛山市	37	28.06846
平均值	83.22	33.7661
苏州市	62	30.65356
南京市	85	36.3775
无锡市	39	24.79418
宁波市	62	38.82385
常州市	35	31.59266
绍兴市	42	34.40366
温州市	12	29.39208
杭州市	130	36.14349
上海市	282	41.71381

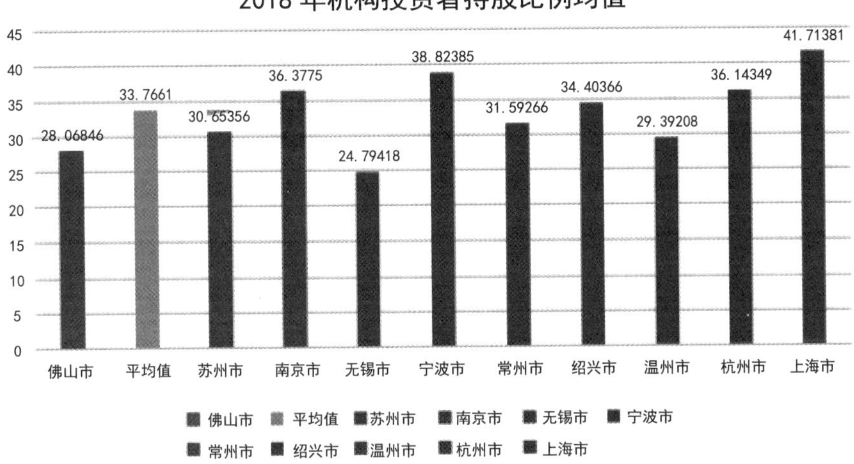

图 2-8　佛山与长三角城市上市公司机构投资者持股比例均值比较（%）

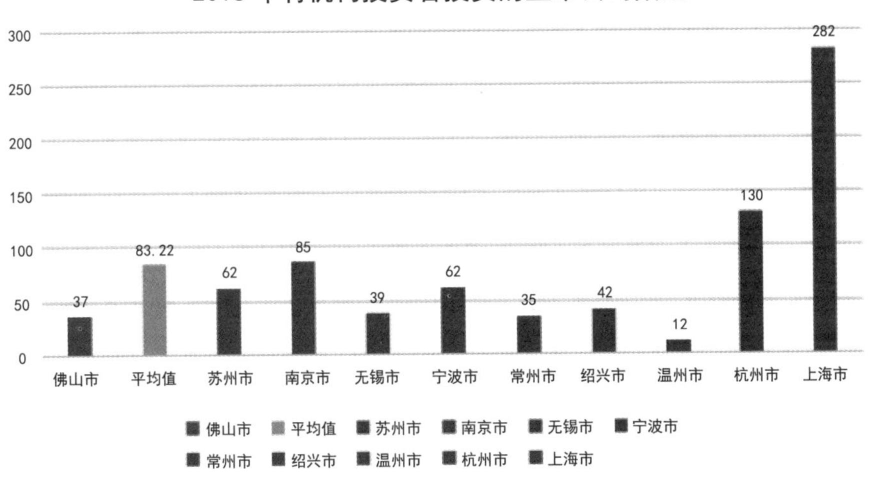

图 2-9　佛山与长三角城市机构投资者投资上市公司数量比较

如图 2-9 所示，佛山上市公司的机构投资者投资的上市公司数量与长三角 9 市对比可以发现，佛山有机构投资者参与投资的上市公司数量为 37

家，排名倒数第三，仅高于温州和常州，在机构投资者持股比例这一指标上也排名倒数第二，如图 2-8 所示，仅高于无锡市，因此佛山市上市公司在吸引机构投资者参与公司治理这一方面还很薄弱，相比于长三角的城市有很大的潜力可以挖掘。

第三章　佛山上市公司盈利能力分析

盈利能力，总的来说是指一个组织创造收益的能力，通常被称为一个组织带来现金的能力。从会计角度出发，一个企业盈利能力的体现是其资金或资本增值的能力，这通常表现为企业收入的总和一段时期内利润提升的幅度。对于上市企业而言，股价直接反映了企业的盈利能力。上市企业的效益越强，相关的股票价值就越高；上市企业的效益越差，其股票价值就越低，而盈利能力可以直接地反映在一些公开指标上，主要是总资产报酬率（ROA），净资产收益率（ROE），每股收益（EPS）和市盈率（PE）。这些指标通常也是量化上市企业盈利能力和企业的价值以及评估上市企业可信度的重要参考。

佛山历来是制造业重镇，孕育了大量的民营企业和上市公司。1993 年 11 月 23 日，佛山A股第一家上市公司佛山照明正式在深圳证券交易所挂牌，当年佛山市的 GDP 为 347.06 亿元；而到了 2018 年年末，佛山市共计有 38 家 A 股上市公司和 20 家海外上市公司，佛山市的 GDP 则增长到了 9935.88 亿元。这 26 年里，佛山紧紧抓住改革开放红利，GDP 实现连年高速增长，并且推出各种政策鼓励和支持民营企业的发展，其中的佼佼者在国内或在海外上市，给佛山的中小企业树立了榜样。通过对佛山市上市公司盈利能力的分析，我们可以找出影响企业盈利能力的关键因素，对企业未来的经营业绩和发展趋势作出合理的预测，同时为政策制定者和企业负责人提供决策依据。

1990 年 12 月 1 日和 12 月 19 日，深圳证券交易所和上海证券交易所相继开市，拉开了中国资本市场的大幕，一时间，无论是民营企业还是国有企业都积极推动股改，争相提交入市申请。在 20 世纪 90 年代资本市场启动的初期，能够登陆沪市或者深市的公司无一不是行业的翘楚，加之市场处于初期发展阶段，生产端和消费端的规模都在不断扩大，顺利实行股份制改革后找准发展方向的上市公司经营业绩大幅增长几乎是常态。但随着市场规模趋于饱和，公司间的竞争日益激烈，行业整体的利润率逐渐降低，上市公司对于自身的盈利能力越来越关注，在日常经营和内部管理上的操作也越来越精细。经过二十多年的发展，在传统行业市场份额逐渐固化的阶段，大多数 A 股上市公司盈利能力总体上升，公司治理水平不断提升，信息披露方面日益规范，研发费用逐年增加。同时，国内学者对于上市公司质量的评价方式也发生了改变，从以往只关注财务指标，强调盈利到现在从效益性、规范性、透明度、创新性、品牌价值等多个维度综合考察。

在分析方法上，国内学者们采用因子分析、聚类分析、主成分分析、杜邦分析等方法对上市公司的绩效、盈利能力进行分析研究，并对相关上市公司的经营提出建议。刘欢（2015）从 2012—2013 年的 42 个农业上市企业的年报中选择了 11 个财务指标，采用因子分析法，制定了财务绩效评估体系，找出企业在经营活动中的不足和优势，帮助领导层对企业的总体竞争力进行提升。朱承亮（2008）利用主成分分析法对陕西省 26 家上市企业的 10 个财务指标进行了全面评估，并从盈利能力、运营能力、发展和成长能力等方面观察剖析了上市企业的经营情况。王红英（2013）利用杜邦分析法，选择了 2009 年至 2011 年出版和媒体行业的 27 家上市企业的财务数据，并对影响公司效益的因素进行了系统的调查，结合中文传媒的案例，找出了影响出版行业上市公司盈利能力的关键因素（田力，2018）。

综合来看，国内学者在构建上市公司经营绩效和盈利能力评价体系上运用的上述诸多方法基本能够客观合理地评价上市公司在这些方面的优势和劣势，但是大多数学者只指出影响经营绩效和盈利能力的因素，并未给出实证分析。因此本书将首先采用全局主成分分析法对近几年佛山上市公司的盈利能力进行综合排名，再运用实证分析验证绩效变量和影响因素之间的相关关系。

一、基于时序全局主成分分析的佛山上市公司盈利能力排名

对于上市公司来说，盈利能力不仅关系公司的股价，更体现着公司的实际经营情况、风险控制程度、未来发展潜力等，是由外部风险和内部管理共同决定的。同时，体现上市公司盈利能力的指标有很多，选用不同盈利指标进行分析，得到的结论可能会截然不同。因此，我们在盈利能力指标的选取上需要综合考虑。

本书采用全局主成分分析法来构建佛山上市公司盈利能力评价体系。所谓主成成分分析法就是利用降维的思想将原来具有一定相关性的多个指标采用线性代数的方法重新组合成一组新的互相无关的综合指标，转化生成的新的综合指标称为主成分（梁志华，2006）。在主成分分析法的基础上加入时间序列的方法称为时序全局主成分分析法，这种方法便于我们对于同一家上市公司不同时间的主成分得分进行比较。

这里简单介绍一下主成分分析的基本步骤。第一步将原始数据标准化，以消除量纲（也就是原始数据单位的差异）的影响，这里运用 SPSS 软件自动计算。第二步建立变量之间的相关系数矩阵 R，具体公式省略。第三步计算相关系数矩阵 R 的特征值和特征矢量，得出第一主成分、第二主成分和第三主成分的对应公式。最后一步写出主成分并根据信息贡献率和累计贡献率计算综合得分。

（一）佛山上市公司盈利能力指标体系

在构建佛山上市公司盈利能力评价指标体系时首先应该考虑上市公司年报或者财务报表里具有普适性的公开数据指标；其次，选取的指标应该简单直观且具有较强的横向和纵向可比性；最后，这些指标应该具有一定的相关性。

表 3-1 为佛山上市公司盈利能力指标体系表，综合考虑后我们选用总资产报酬率、净资产收益率、每股收益、市盈率、总市值、营业总收入、固定资产净值、应交税费、资产负债率这些指标组建佛山上市公司盈利能力评价体系。

表 3-1 佛山上市公司盈利能力指标体系

指标类型	指标名称	指标代码	性质
盈利情况	总资产报酬率	X_1	正比例指标
	净资产收益率	X_2	正比例指标
	每股收益	X_3	正比例指标
	市盈率	X_4	正比例指标
资产情况	总市值	X_5	正比例指标
	营业总收入	X_6	正比例指标
	固定资产净值	X_7	正比例指标
纳税情况	应交税费	X_8	负比例指标
负债情况	资产负债率	X_9	负比例指标

（二）主成分分析

1. 样本选取

本小节选取 2018 年 1 月 1 日至 12 月 31 日在 A 股上市的 36 家佛山上市公司，排除披露信息较少的两家（*ST 欧浦、*ST 德奥），再加上两家披露上述九条指标数据的港股上市公司（海信家电、碧桂园），共计 36 家佛山上市公司参与此次排名。以下分析所有原始数据均采集于 Wind 数据库。

2. 数据标准化处理及因子分析适用性检验

本小节采用 SPSS 26.0 软件。首先对原始数据在 SPSS 上进行标准化处理，其次利用 KOM 检验法和巴特利特球形度检验法将新得到的数据进行因子分析的适用性检验。这里 KOM 检验值为 0.587；巴特利特球形度检验值为 486.616，说明此次采用的指标之间存在相关性；Sig 值为 0.000，小于 0.05，拒绝相关系数是单位阵，因此我们选用的数据适用于因子分析法。

3. 主成分分析过程

表 3-2 主成分分析结果

总方差解释						
成分	初始特征值			提取载荷平方和		
	总计	方差百分比	累积 %	总计	方差百分比	累积 %
1	4.155	46.171	46.171	4.155	46.171	46.171
2	2.527	28.073	74.244	2.527	28.073	74.244
3	1.060	11.774	86.018	1.060	11.774	86.018
4	0.579	6.428	92.446	-	-	-
5	0.489	5.435	97.881	-	-	-
6	0.110	1.225	99.106	-	-	-
7	0.068	0.752	99.859	-	-	-
8	0.012	0.131	99.989	-	-	-
9	0.001	0.011	100.000	-	-	-
提取方法：主成分分析法						

由表 3-2 可以看出前三个主成分解释了全部方差的 86.018%，说明提取出来的三个主成分能够代表 9 个盈利能力指标数据信息的 86.018%，因此我们提取并计算这三个主成分，分别记为 Y1、Y2、Y3。

$$Y1=0.226X_1+0.279X_2+0.357X_3+0.046X_4+0.409X_5+0.448X_6+0.427X_7+0.4X_8+0.177X_9$$

$$Y2=0.536X_1+0.476X_2+0.362X_3+0.186X_4-0.061X_5-0.202X_6-0.244X_7-0.257X_8-0.389X_9$$

$$Y3=-0.168X_1-0.152X_2-0.134X_3-0.864X_4-0.019X_5+0.082X_6+0.142X_7+0.157X_8-0.364X_9$$

4. 主成分得分和综合得分

表 3-3 2018 年佛山上市公司盈利能力综合得分排名

佛山上市公司	主成分 Y1 得分	主成分 Y2 得分	主成分 Y3 得分	综合得分
碧桂园	9.56	-3.86	0.72	3.41
美的集团	5.04	0.23	-0.81	2.3
海天味业	2.13	2.24	-0.72	1.53
蒙娜丽莎	0.29	1.3	-0.51	0.44
雄塑科技	-0.2	1.52	-0.04	0.33
海信家电	0.58	0.43	-0.76	0.3
瀚蓝环境	0.46	0.59	-0.77	0.29
海川智能	-0.43	1.63	0.2	0.28
佛燃能源	0.1	0.93	-0.45	0.25
万和电气	0.14	0.8	-0.54	0.23
国星光电	0	0.8	-0.38	0.18
新宝股份	0.01	0.73	-0.41	0.16
文灿股份	-0.29	0.92	-0.09	0.11
佛山照明	-0.45	0.98	0.1	0.08
粤照明 B	-0.45	0.98	0.12	0.08
南华仪器	-0.6	1.15	0.2	0.07

续 表

佛山上市公司	主成分 Y1 得分	主成分 Y2 得分	主成分 Y3 得分	综合得分
伊之密	-0.03	0.53	-0.61	0.06
金银河	-0.06	0.47	-0.67	0.03
科顺股份	-0.29	0.58	-0.27	0
德联集团	-0.59	0.83	0.18	-0.02
天安新材	-0.42	0.61	-0.16	-0.04
伊戈尔	-0.49	0.58	-0.11	-0.08
精艺股份	-0.36	0.39	-0.33	-0.1
德美化工	-0.58	0.57	-0.15	-0.12
盛路通信	-0.38	0.23	-0.41	-0.16
新劲刚	-0.69	0.55	0	-0.16
佛塑科技	-0.3	0.03	-0.52	-0.19
顺威股份	-0.58	0.07	-0.04	-0.25
星期六	-0.5	-0.02	-0.25	-0.26
国盛金控	-0.73	-1.77	4.65	-0.29
星徽精密	-0.29	-0.93	0.09	-0.38
科达洁能	-0.67	-0.79	-0.27	-0.56
南风股份	-2.36	-2.25	1.1	-1.59
顺钠股份	-2.29	-3.68	1.2	-1.95
东方精工	-2.4	-3.45	0.72	-1.99
*ST 雪莱	-2.45	-4.34	0.78	-2.26

从表 3-3 可以看出，在我们纳入排名的 36 家佛山上市公司里，盈利能力综合得分最高的分别是碧桂园、美的集团和海天味业，盈利能力最差的是被标注退市警告的 *ST 雪莱。

再将碧桂园、美的集团、海天味业、东方精工和 *ST 雪莱结合单项盈利能力指标具体分析。碧桂园在我们考察的九项指标中有四项排名第一，分别是固定资产净值、营业总收入、应交税费以及资产负债率；碧桂园的总市值和净资产收益率这两项指标排名第二，而在总资产收益率、每股收益 EPS 和市盈率这些指标上略显平庸，处于中游水平。综合来看，碧桂园作为一家全国知名的房地产企业，具有我们熟知的房地产企业特性：高投入、高周转、高负债。碧桂园因其庞大的体量在跟净利润、总营收这类相关的盈利指标上表现突出，因此位列此次盈利能力排名的第一名。

美的集团和海天味业同属制造业，前者是白色家电制造，后者是食品加工制造，且这两家都是各自领域的龙头企业。在选取的 36 家佛山上市公司中，美的集团的总市值与每股收益 EPS 这两项指标排名第一，海天味业的总资产收益率和净资产收益率这两项指标排名第一。碧桂园、美的集团以及海天味业这三家企业各自的总市值是第四名蒙娜丽莎的至少十倍，因此我们可以把这三家企业看作是佛山上市企业的“明星企业”。

而排名末位的东方精工和 *ST 雪莱在总资产报酬率、净资产收益率和每股收益这三个主要的盈利能力指标上都排名最后，*ST 雪莱的净资产收益率更是达到惊人的 -107.6327%。

二、佛山上市公司盈利能力影响因素实证分析

本小节从公司内外两个维度，选取上市公司盈利能力的影响因素进行分析。外部影响因素主要包含宏观经济因素；内部影响因素主要包含资产规模、资产负债率、成本收入比等指标。接下来面板数据回归分析，验证哪些因素对佛山上市公司的盈利能力有显著影响，从而总结归纳提升上市公司盈利能力的对策建议。

（一）样本选取

本小节从公司内外两个方面，选取上市公司盈利能力影响因素进行分析。随后对选取的指标数据，用 STATA16 进行面板数据回归分析，变量选取遵循真实、可获得原则。选取 Wind 数据库显示的截至 2018 年 12 月 31 日的佛山 A 股上市公司，样本剔除了总资产收益率、净资产收益率和税收缺失的数据。筛选后的样本分布如下表 3-4：

表 3-4 佛山上市公司分布

年份	2007	2008	2009	2010	2011	2012	2013	2014	2015	2016	2017	2018	合计
公司数量	7	6	10	10	8	18	19	24	27	27	35	35	226

（数据来源：Wind 金融终端整理所得）

（二）研究假设

为了寻找影响企业盈利能力的因素，提出以下研究假设：

H1：宏观经济环境与企业盈利能力正相关；

H2：企业市值与企业盈利能力正相关；

H3：企业税收与企业盈利能力正相关；

H4：公司规模与企业盈利能力正相关；

H5：资产负债率与企业盈利能力负相关或不相关；

H6：成本收入比与企业盈利能力负相关或不相关。

（三）变量选取

1. 被解释变量

有许多指标可以量化企业的盈利能力，最广泛使用的通常是总资产收益率（ROA）。具体计算公式为：总资产收益率 = 固定年净收入 / 总资产。ROA 越高表明企业对每单位资产使用效率越高，可以反映出企业在充分利用资本方面取得了较好的效果，增加收益与降低成本等方面有比较不错的表现，实际上股东和经营者基于各种原因都会非常重视 ROA 这一指标。

还有一个经常被用作量化盈利能力的指标是来自净资产收益率（ROE），其公式为：ROE= 固定年净收入 / 平均股东权益。这个指标通常可以理解为，股东的每一单位资产创造的价值。

2. 解释变量

宏观解释变量：选取国内生产总值（GDP）增长率代表宏观经济发展水平。国内生产总值的增长率是最能体现综合经济实力的指标。此外还有通货膨胀率代表通货膨胀和货币贬值的程度。

微观解释变量：总市值（LNMARKVALUE）表示上市公司的股权公平市场价值，可以反映证券市场的规模大小，代表股民对公司未来潜在价值的认可程度。因为数值较大，所以做对数处理。

税收（TAX）表示企业按照税法规定应缴纳的税费抵减返还税费的各种税额之和，税收 = 应交税费合计 - 税费返还。因为数值较大，所以做对数处理。

公司规模（LNASSET）代表上市公司资产规模的大小。因为数值较大，需做对数处理。

资产负债率（ALR）用来衡量资本结构，即负债与总资产的比值。

成本收入比（CIR）是代表企业经营效率的解释变量，由公式：成本收入比 = 管理费用 / 总营业收入，可知成本收入比与上市商业企业经营效率成反比。

表 3-5 与表 3-6 分别为变量说明表与变量描述性统计表。

表 3-5 变量说明表

变量类型	变量名称	变量代码	具体定义及计算方式
被解释变量	总资产收益率	ROA	固定年净收入 / 总资产
	净资产收益率	ROE	固定年净收入 / 平均股东权益
宏观解释变量	GDP 增长率	GDP	GDP 增长 / 上期 GDP 总额
	通货膨胀率	INFLATION	CPI 增长额 / 上期的 CPI
变量类型	变量名称	变量代码	具体定义及计算方式
微观解释变量	总市值	LNMARKVALUE	每年公司总市值的自然对数
	税收	LNTAX	应交税费合计 - 税费返还（结果取对数）
	公司规模	LNASSET	每年公司账面资产价值的自然对数
	资产负债率	ALR	负债总额 / 资产总额
	成本收入比	CIR	管理费用 / 总营业收入

表 3-6 变量描述性统计表

变量	样本数量	均值	标准差	最小值	最大值
ROA（总资产收益率）	226	7.032	9.050	-58.905	29.440
ROE（净资产收益率）	226	5.898	42.461	-591.179	44.063
GDP（GDP 增长率）	226	8.559	3.992	5.718	22.664
INFLATION（通货膨胀率）	226	2.237	1.189	-1.600	5.500
LNMARKVALUE（总市值）	226	22.450	1.033	20.448	26.618

续 表

变量	样本数量	均值	标准差	最小值	最大值
LNTAX （税收）	226	17.658	1.462	13.427	22.771
LNASSET （公司规模）	226	21.813	1.139	19.779	26.298
ALR （资产负债率）	226	38.656	17.987	7.697	125.626
CIR （成本收入比）	226	0.084	0.064	0.007	0.805

（四）盈利能力影响因素回归模型设计

根据变量的选取结果，模型设计如下：

$$ROA_{i,t}=\beta_0+\beta_1GDP_{i,t}+\beta_2INFLATION_{i,t}+\beta3LNMARKVALUE_{i,t}+\beta4TAX_{i,t}+\beta_5LNASSET_{i,t}+\beta_6ALR_{i,t}+\beta_7CIR_{i,t}+\mu_{i,t}$$

$$ROE_{i,t}=\beta_8+\beta_9GDP_{i,t}+\beta_{10}INFLATION_{i,t}+\beta_{11}LNMARKVALUE_{i,t}+\beta_{12}TAX_{i,t}+\beta_{13}LNASSET_{i,t}+\beta_{14}ALR_{i,t}+\beta_{15}CIR_{i,t}+\varepsilon_{i,t}$$

其中，β_0，β_8 为常数项，i 表示样本中每一个企业，t 表示年份，βi 为指标的回归系数，μ，ε 为模型的误差项。

（五）盈利能力影响因素实证结果及分析

1. 变量相关性分析

由皮尔逊（Pearson）相关系数分析可以得到变量间最基本的相关关系。由下表 3-7 可以看出，与绩效变量ROA、ROE显著正相关的有GDP增长率、总市值、税收、公司规模、与绩效变量ROA、ROE显著负相关的有资产负债率（ALR）、成本收入比（CIR）。因此，下面使用回归模型进一步检验这些变量与企业盈利能力之间的关系。

表 3-7　变量的皮尔逊相关系数

变量名	ROA（总资产收益率）	ROE（净资产收益率）	GDP（GDP 增长率）	INFLATION（通货膨胀率）	LNMARKVALUE（总市值）	LNTAX（税收）	LNASSET（公司规模）	ALR（资产负债率）	CIR（成本收入比）
ROA（总资产收益率）	1	-	-	-	-	-	-	-	-
ROE（净资产收益率）	0.734***	1	-	-	-	-	-	-	-
GDP（GDP 增长率）	0.144**	0.044	1	-	-	-	-	-	-
INFLATION（通货膨胀率）	0.026	0.021	0.353***	1	-	-	-	-	-
LNMARKVALUE（总市值）	0.307***	0.161**	-0.097	-0.224***	1	-	-	-	-
LNTAX（税收）	0.245***	0.209***	-0.1	-0.073	0.745***	1	-	-	-
LNASSET（公司规模）	0.158**	0.164**	-0.166**	-0.099	0.813***	0.836***	1	-	-
ALR（资产负债率）	-0.352***	-0.327***	0.056	0.025	0.178***	0.303***	0.400***	1	-
CIR（成本收入比）	-0.218***	-0.196***	-0.043	0.010	-0.014	-0.145**	-0.065	0.016	1

注：*、**、*** 分别表示在 10%、5% 以及 1% 的统计水平上显著。

2. 回归分析

（1）对 ROA 的回归

豪斯曼检验随机效应模型和固定效应回归模型，原假设是随机效应模型，豪斯曼检验结果如下表 3-8 所示，显示 p=0.0000，小于 0.05，拒绝原假设，故选择固定效应模型。

根据数据回归结果，解释变量对被解释变量总资产收益率（ROA）的影响如下：

外部宏观指标：GDP 增长率（GDP）与总资产收益率（ROA）在 1% 水平下显著正相关，通货膨胀率与总资产收益率（ROA）不显著相关。

内部微观指标：税收（LNTAX）、资产负债率（ALR）与总资产收益率（ROA）在 1% 水平下显著正相关，总市值（LNMARKVALUE）、公司规模（LNASSET）、成本收入比（CIR）与总资产收益率（ROA）不显著相关。

表 3-8 回归结果

变量名	变量代码	被解释变量：ROA		
		系数	T 值	P 值
GDP 增长率	GDP	0.434***	3.190	0.002
通货膨胀率	INFLATION	0.219	0.510	0.613
总市值	LNMARKVALUE	1.602	1.470	0.144
税收	LNTAX	1.937***	2.730	0.007
公司规模	LNASSET	-1.583	-1.080	0.282
资产负债率	ALR	-0.417***	-8.270	0.000
成本收入比	CIR	-6.359	-0.67	0.503

注：*、**、*** 分别表示在 10%、5% 以及 1% 的统计水平上显著。

（2）对 ROE 的回归

豪斯曼检验结果如表 3-9 所示，显示 p=0.0000，小于 0.05，拒绝原假设，故选择固定效应模型。

根据数据回归结果，解释变量对被解释变量总资产收益率（ROE）的影响如下：

外部宏观指标：GDP 增长率（GDP）与净资产收益率（ROE）在 1%

水平下显著正相关，通货膨胀率与净资产收益率（ROE）不显著相关。

内部微观指标：公司规模（LNASSET）、资产负债率（ALR）、成本收入比（CIR）与净资产收益率（ROE）在1%水平下显著正相关，总市值（LNMARKVALUE）、税收（LNTAX）与净资产收益率（ROE）不显著相关。

表3-9 回归结果

变量名	变量代码	被解释变量：ROE		
		系数	T值	P值
GDP增长率	GDP	1.988***	2.83	0.005
通货膨胀率	INFLATION	-0.064	-0.03	0.977
总市值	LNMARKVALUE	-5.299	-0.94	0.349
税收	LNTAX	4.966	1.36	0.176
公司规模	LNASSET	27.700***	3.65	0
资产负债率	ALR	-2.786***	-10.71	0
成本收入比	CIR	-93.746*	-1.91	0.057

注：*、**、*** 分别表示在10%、5%以及1%的统计水平上显著。

（3）回归结果分析

通过分析，得出的主要结论如下：

①宏观指标方面

GDP增长率与总资产收益率（ROA）在1%水平上显著正相关，与净资产收益率（ROE）在1%水平上显著正相关，说明佛山市地区生产总值的增长可以促进上市公司的盈利水平提高。佛山市地区生产总值增长率增加，会使居民可支配收入增加，进而带动社会消费水平、企业盈利能力随之增强。

通货膨胀率（INFLATION）与上市公司相关性比较小，说明上市公司盈利能力受到通货膨胀的影响较小。广义货币供应量的增加一定程度上可能引发通货膨胀，降低银行实际存款利率，从而影响企业的存款规模。

②微观指标方面

税收（LNTAX）与总资产收益率（ROA）在 1% 水平上显著正相关，系数为 1.937，表示当企业税收支出每增加一个单位时，总资产收益率会增加 1.937 个单位。税收支出实际上从另一个方面显示了企业盈利能力，当企业盈利能力越高时，其税收支出也越高。

公司规模（LNASSET）与净资产收益率（ROE）在 1% 的置信水平下显著正相关。一方面，说明上市公司随着资产规模的扩大，可以有效降低业务运营的平均成本，从而提高净资产收益率；另一方面，说明企业资金充裕后会开展主营业务外的其他业务服务，业务的多元化发展在一定程度上降低了经营风险，提高了资金运用效率，从而提高资产收益率。

资产负债率(ALR)与总资产收益率(ROA)在 1%的水平上显著负相关，资产负债率（ALR）与净资源回报率（ROE）在 1% 的水平上显著负相关，表明资源负债率与盈利能力呈负相关，负债数量越高，盈利越差。实证的结果表明，上市企业目前的资源和负债规模可能已经超过了理想的负债规模，如果企业的负债规模继续扩大，企业的盈利可能会持续下降。

成本收入比（CIR）与净资产收益率（ROE）在 10% 的置信水平下显著负相关。在金融竞争激烈的大环境下，上市公司的竞争力下降，成本收入比值越高，意味着上市公司的盈利能力越差。

佛山上市公司经营绩效均值情况如下表 3-10，选取 2007—2018 年佛山 A 股上市公司作为样本数据，为保证数据完整性，剔除了平均年总资产收益率（AVERROA）、平均年净资产收益率（AVERROE）、平均年每股盈余（AVEREPS）及平均年市价盈利比率（AVERPE）的缺失值。

表 3-10 佛山上市公司 2007—2018 年经营绩效均值排名

序号	公司代码	公司名称	AVERROA(%)	AVERROE(%)	AVEREPS (元)	AVERPE(倍)
1	000333.SZ	美的集团	11.28865	30.55215	3.014286	14.40303
2	000533.SZ	顺钠股份	3.621417	4.405892	0.0549923	46.67767
3	000541.SZ	佛山照明	10.96275	10.8521	0.4048846	69.98368
4	000921.SZ	海信家电	6.508954	33.80262	0.5009308	8.362839
5	000973.SZ	佛塑科技	5.292992	4.571954	0.1080769	23.58902
6	002054.SZ	德美化工	11.50173	12.58062	0.4838538	37.75923
7	002076.SZ	*ST 雪莱	0.7437916	-2.189031	0.0318308	138.1028
8	002260.SZ	*ST 德奥	-3.807683	-42.07961	-0.0966231	-9.509309
9	002291.SZ	星期六	6.495467	13.28892	0.2431538	104.1718
10	002295.SZ	精艺股份	7.541308	9.697723	0.2391077	59.41629
11	002446.SZ	盛路通信	6.195292	12.2051	0.2913462	117.7939
12	002449.SZ	国星光电	9.981425	13.57117	0.5058666	39.18923
13	002543.SZ	万和电气	10.37747	18.48447	0.8092083	19.99205
14	002611.SZ	东方精工	9.5014	12.2428	0.1554545	60.40192
15	002666.SZ	德联集团	13.08554	12.83065	0.536	30.40173
16	002670.SZ	国盛金控	9.012963	11.61562	0.3643556	-210.0245
17	002676.SZ	顺威股份	7.269918	11.27503	0.3301091	265.9747
18	002705.SZ	新宝股份	8.70037	15.22765	0.53494	26.08294

续 表

序号	公司代码	公司名称	AVERROA(%)	AVERROE(%)	AVEREPS (元)	AVERPE(倍)
19	002711.SZ	*ST 欧浦	-5.99253	20.03504	0.173	49.5825
20	002911.SZ	佛燃能源	13.737	22.749	0.5466667	33.8845
21	002918.SZ	蒙娜丽莎	10.27122	23.0707	1.388333	19.11675
22	002922.SZ	伊戈尔	10.11855	14.2781	0.6666667	37.1316
23	300004.SZ	南风股份	4.422975	6.028854	0.1461539	241.4274
24	300415.SZ	伊之密	11.16836	24.58934	0.635	41.4226
25	300417.SZ	南华仪器	14.7824	14.81595	0.69735	90.75302
26	300464.SZ	星徽精密	9.611925	11.99929	0.41395	-21.17113
27	300599.SZ	雄塑科技	12.61217	18.27066	0.4833333	23.8497
28	300619.SZ	金银河	14.27236	22.4634	0.5833333	49.5881
29	300629.SZ	新劲刚	10.32848	21.73913	0.4014286	96.3408
30	300720.SZ	海川智能	17.15045	17.1083	0.6633334	47.53255
31	300737.SZ	科顺股份	13.49965	24.22715	0.375	25.2628
32	600323.SH	瀚蓝环境	10.11314	13.56464	0.6575846	23.96727
33	600499.SH	科达洁能	8.19955	12.34925	0.4133846	34.46291
34	603288.SH	海天味业	27.58814	33.31641	1.432222	37.75402
35	603348.SH	文灿股份	10.17427	16.67763	0.6757143	29.9806

（数据来源：Wind 金融终端整理所得）

可以看到，平均年总资产收益率排名最高的是海天味业，为27.59%；平均年净资产收益率排名最高的是海信家电，为33.80%；平均年每股盈余排名最高的是美的集团，为3.01元；平均年市价盈利比率排名最高的是顺威股份，为265.97倍。结合本节结论和3.1研究结果，下面选择较为典型的美的集团作为案例进行分析。

三、美的集团盈利能力案例分析

（一）美的集团简介

美的集团于1968年在广东省佛山市建立，并于2013年9月与美的电器合并，在深圳证券交易所上市。美的集团是一个大型综合性企业，主要市场是本土的家电制造业（胡毅，2016）。1980年，美的集团正式进入家用电器行业，拥有美的、美芝等10余个品牌。美的集团在中国建立了15个生产基地，分布在华中、华南等5个重要地区，在越南、印度等6个国家设有生产基地。截至目前，美的拥有绝对完整的空调、洗衣机、冰箱、微波炉和洗碗机产业链，并拥有中国最完整的小家电产品群和厨具产品群，在全球拥有60多个海外分支机构，美的产品销往200多个国家和地区。

在“产品领先、效率驱动、全球经营”这三个关键战略的指导下，美的集团以客户为中心，弄清业务结构，理顺层级秩序，推进再造和协同平台的构建，从而提高研发创新能力，支持产品质量和口碑的改善，提升企业盈利经营能力以及多类协同竞争的强大优势。2018年7月，美的集团以357.94亿美元的营业收入在财富500强中排名第323位。

（二）SWOT分析

下表3-11为美的集团SWOT分析表。

表 3-11 美的集团 SWOT 分析表

S 优势：	W 劣势：
1. 清晰的基本定位和完整的现代产业链结构 美的集团的空调产业链是中国最大、最完整的，并且其小家电和厨房电器产业群在中国也是较为完整的 2. 稳定的经营和高度的业绩发展 美的品牌在中国享有盛誉，其坚实的品牌号召力和产品品质在大多数情况下受到客户的普遍欢迎。作为美的集团主营业务之一，美的空调一直以较快的速度发展 3. 跨国技术合作和灵活管理手段 通过世界范围内的专业合作与优秀的国外企业的协同，实现了深层次的、核心技术的进步。美的空调的营销团队是一支具有优秀学习能力、良好应变能力和创新思维能力的一流小组	1. 范围太大发展过快 美的集团的发展，从家用电器进入汽车领域，同时也兼并了华凌、荣事达等机构分类，全面扩展速度过快 2. 交易渠道劣势 美的集团过于受制于经销商的业务框架，无法适应发展，无法介入其他厂商（如格力）的三、四级市场
O 机会： 1. 品牌价值 海尔、海信、松下、美的，美的家用长期以来一直在快速地成长，在中国南方市场一直拥有重要的地位，美的的品牌价值也给公司带来了巨大的市场空间 2. 战略转型 在业务发展速度下降、内外环境发生重大变化的情况下，美的集团开始从数量型发展向质量型发展转变，从低附加值向高附加值转变，从粗放管理向精细管理转变 3. 公司上市 2013 年，美的集团整体上市议案获得股东大会通过，并于 9 月在深圳证券交易所正式挂牌。美的集团的上市为公司提供了加快企业全球化进程的机会，为美的集团的发展打开了通道	T 威胁： 1. 强大的竞争者 国美、苏宁等家电连锁大卖场结合网络交易模式，抓住市场机会，慢慢控制零售终端，渠道资产不断流失，竞争者不断挑战 2. 内耗严重 美的集团的营销资源过于分散，对社会资产的利用和组合不充分，推广成本高，专业化分工的效益没有发挥出来，效益低下，各单位工作重复率高，带来了营销资源的滥用 3. 模仿形势 外观的设计，产品性能被其他家电模仿。到目前为止，有许多山寨的家电品牌，其中美的的被模仿程度最高

（三）混合战略布局

1. 多品牌营销战略

（1）适度品牌延伸，创造多元化品牌。美的集团旗下品牌“美的”逐渐发展成熟后，美的集团不断寻求创新，更好地满足现今消费者不断变化的需求，不断寻求多元化品牌，针对不同的产品使用不同的品牌。如 2008 年，美的集团收购“小天鹅”，主要生产高端洗衣机产品；2017 年，美的集团收购机器人品牌 KUKA 94.55% 的股份，使 KUKA 成为美的集团旗下品牌之一；2018 年，美的发布自创 AI 高端家电品牌 COLMO。

（2）控股国际品牌，推动多元化管理。2017 年，美的集团控股以色列机器人企业高创 Servotronix。美的集团连续的品牌并购表明集团国际化布局开始增速，此后，Miraco、Clivet、Eureka 及高创 Servotronix 成为美的集团旗下控股品牌。对其他品牌的并购、控股使得美的集团所涉及领域越来越广，旗下品牌数量越来越多，形成了企业多元化、多品牌管理的格局（周俊仿，2020）。

2. 4P 策略

（1）产品策略。OEM 利润低，订单不稳定，美的空调加快由 OEM 向 ODM、OBM 转变，最终实现自主品牌设计制造，有效培养增加客户的忠诚度，依托美的的智能制造，工厂可以为客户的个性化需求提供解决方案。

（2）价格策略。美的空调意大利市场，低端的 COMFEE 价格最低，定位中高端市场的自主品牌Midea售价最高，甚至高过美的的OEM客户品牌，以品牌换价格。

（3）分销策略。美的投资设立的安得物流在全世界开展广泛的合作，已和多达 190 个国家的物流企业签署合作协议，满足海外市场的物流服务。此外，安得物流还大力发展海陆空多种物流，以满足跨国间的物流服务，为美的提供覆盖全球的专业物流支持服务。

（4）促销策略。美的非常重视目标消费者的意见和用户体验，在国内外市场建立销售店铺以供客户更好地体验产品功能。此外，美的还通过赞助海外知名赛事项目的方法来扩大宣传。

（四）财务绩效分析

1. 偿债能力分析

偿债能力是指一个组织在其现有债务到期时偿还这些债务的能力，是一个企业经营活动的重要衡量标志。通过一个企业的偿债能力，可以了解该企业的业务能力和财政情况。通常情况下，流动比率、现金比率以及速动比率被用来作为量化偿债能力的指标。在下文中，我们将利用这三个指标来研究美的集团在近五年内的情况，调查其偿还债务的能力，并在行业比较中与格力进行对比。

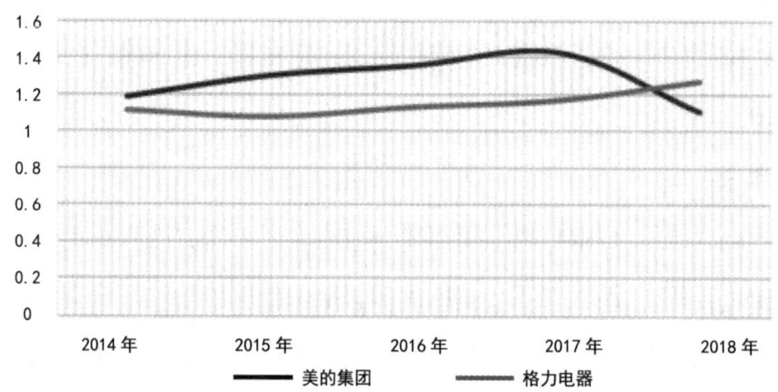

图 3-1 2014—2018 年美的集团与格力电器流动比率对比（%）

按照图 3-1 来看，从 2014 年到 2018 年，美的集团的流动比率呈现出逐步上升的发展态势，只是在 2018 年出现了一定程度的下降，说明美的集团利用流动资产偿还流动负债的能力在增强。与格力电器对比看来，除 2018 年以外，美的集团的流动比率每一年都是比较高的，这说明美的集团有更多的流动资产可以利用，其对流动负债的保障也比较高。

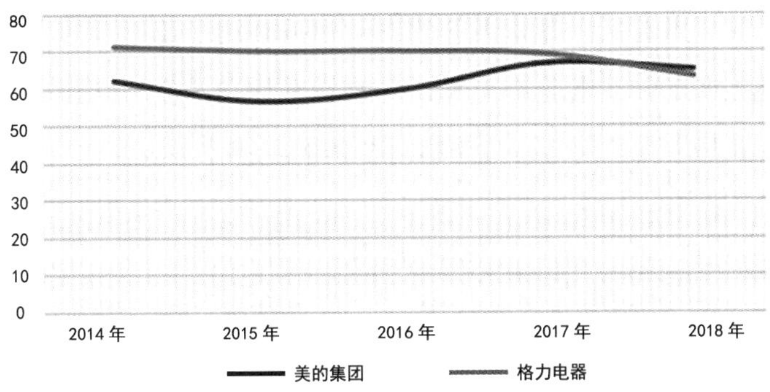

图 3-2 2014—2018 年美的集团与格力电器资产负债率对比（%）

图 3-2 为 2014—2018 年美的集团与格力电器资产负债率对比图，假设一个企业有一个高的资产负债率，这意味着负债的数量比资产的数量更多，债权人担心他们的资金得不到保障，与经营者相比，他们更担心这种现象的产生。然而，从另一个角度来看，对于企业经营者来说，尽管企业的负债数量多于资产，但它可以表明，企业利用筹集到的资产，应用于其创造性的工作和任务，为企业提供新的动力，以推动公司发展。美的集团和格力集团近来的资产负债率表明，美的集团和格力集团的长期偿债力都比较差。

2. 盈利能力分析

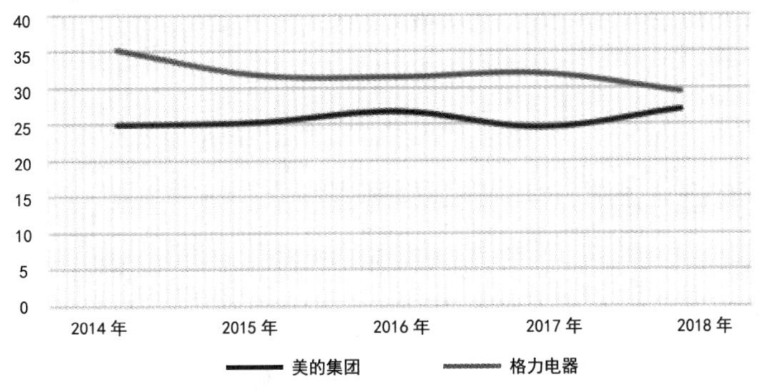

图 3-3 2014—2018 年美的集团与格力电器主营业务利润率对比（%）

从图 3-3 可以看出，尽管美的的主营业务利润率在五年内有所波动，但总体上是上升的，说明企业盈利能力在持续增长，但与格力电器相比，后者的利润率基本高于前者，说明格力电器的主营业务收益比较好。

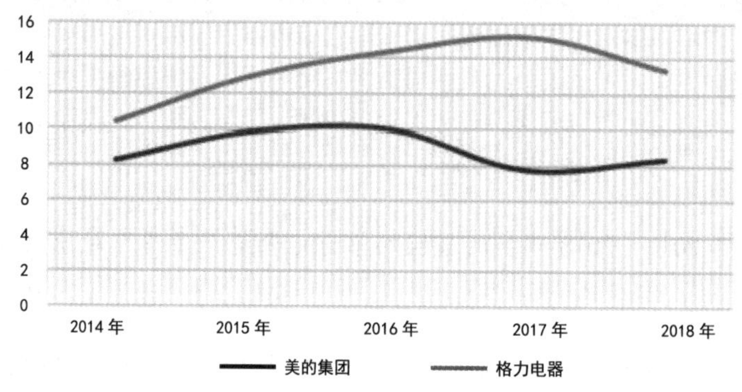

图 3-4 2014—2018 年美的集团与格力电器销售净利率对比（%）

通过图 3-4 的信息，我们可以看到，美的集团在 5 年内的销售净利率基本上保持在 8% ～ 9%，美的集团的销售收益比格力好，但销售净利率比格力弱，说明美的集团在成本控制上与格力相比有不足。

通过以上调查，可以看出，美的集团的经营状况很好，出现财务风险的概率很低，短期偿债能力很强，但长期的偿债能力比较弱，在这期间，美的集团的营业收入的获利很高，但与格力电器相比，在成本控制方面略显不足，其盈利能力应该更上一层楼。

四、本章小结

本章采取了两种分析方法考察佛山上市公司的盈利能力。根据佛山上市公司在国内外上市的分布，结合公开的数据构建佛山上市公司盈利能力指标体系，运用时序全局主成分分析方法对佛山上市公司的盈利能力进行一个综合的打分，再结合宏观和微观两方面的指标对影响佛山上市公司盈利能力的因素进行实证分析。实证分析得出：佛山市生产总值增速、税收支出、公司规模这三个方面因素与盈利能力呈正相关关系；资产负债率、成本收入比与盈利能力呈负相关关系；通货膨胀率和公司市值与盈利能力相关关系不显著。最后，对佛山制造业的龙头企业美的集团进行了案例研究，并与格力电器进行对比，从企业内外部环境、战略布局、盈利能力等方面分析了美的集团的优势及存在的问题。

结合以上分析，给出建议如下：

对于自身因素层面，我市上市公司应该适度扩张规模，保持适度的资本流动性，管理把控企业的资产质量，加强贷款的审批制度管理，优化贷款的质量，降低不良贷款率。在保证平稳运行的基础上，控制企业经营成本，调整收入结构，提高中间业务和表外业务的创新发展，提高企业的经营效率，提高资金的盈利能力（杨丽玲，2020）。

对于外部因素层面，监管机构应该适应时代变化，顺时而治，帮助企业转型升级作出支持和政策导向。企业面临的外部宏观经济环境也会影响企业盈利能力，良好的外部环境，会促进上市公司盈利水平提高（杨丽玲，2020）。

从佛山上市公司盈利能力排名来看，综合得分处于前十的佛山上市公司除开碧桂园这个全国知名的房地产企业，其余的佛山上市公司都是制造行业，并且前十名中有五个都是电器制造公司，坐实了佛山制造的名声。随着5G时代的到来，互联网和物联网未来在大规模工业级生产上的应用场景越来越清晰，自动化、智能化、个性化、定制化的商品和服务将会占领市场。佛山作为中国著名的制造业基地，如何在这场产业革命中抓住机遇脱颖而出不仅是对佛山政策制定者的一次大考，更是对作为佛山制造业龙头的佛山诸多上市公司的考验。这时候上市公司的盈利能力就显得尤为重要，拥有良好的盈利能力才能投入更多的研发资金，招聘更多的社会精英，才能在产业格局变动的风头上演大象起舞。

第四章　佛山上市公司科技创新能力分析

当今时代科学技术发展迅速，企业要想在时代的洪流中站稳脚跟，就离不开对科技研发的投入。创新是引领发展的第一动力，要建立以企业为主体的技术创新体系（党的十九大报告，2017）。佛山市政府也明确提出实施创新驱动发展战略：加大科技创新投入，预计全社会研发经费占地区生产总值比重超2.7%(佛山市政府工作报告,2018)。这表明无论是国家层面，还是企业层面都深刻意识到创新的重要性，而创新是通过研发活动实现的，因此，作为创新主体的企业必须高度重视研发活动，合理增加研发投入，这样才能在竞争中占据主导地位。

佛山市上市公司是佛山企业的重要代表。截至2018年年底，佛山在A股上市的总共有38家上市公司。佛山市政府也明确提出实施创新驱动发展战略的重要性。本章的研究发现，佛山上市公司的研发费用和研发密度一开始均落后于全国平均水平，但是近年来开始赶超全国平均水平：研发费用均值在2012年赶超全国平均水平，研发密度在2017年开始赶超全国平均水平。这说明佛山上市公司的研发投入的数量和强度都在迅速增加。研发投入的提升，是否有效驱动了企业绩效的提升？本章用非平衡面板数据建模进行实证研究发现：第一，企业增加研发投入，并不会立刻反映在财务绩效水平（ROA，ROE）的提升上，研发带来的效果需要更长时间才能体现在财务绩效水平的提升上；第二，企业增加研发密度，会很快体现在滞后一期和滞后两期的TOBINQ的提升上，说明增加研发密度，可以在随后的一年和两年能带来企业市场绩效水平 TOBINQ 的提升。因此，佛山上市公司不应只注重企业研发投入的绝对量，更应该注重研发投入的相对量：研发密度的提升，这样才能更有效地提升企业的绩效水平；另外，佛山上市公司研发投入带来的效果，并不会很快体现在企业财务绩效的提升上，而是可以很快（1 ～ 2 年）体现在企业的市场表现绩效 TOBINQ 的提升上。因此，企业的创新驱动战略，不能急功近利，需要放长线钓大鱼，既要注重提升研发投入强度，也要注重提高研发资金的使用效率。

一、佛山上市公司研发投入与产出

（一）佛山上市公司研发投入情况

科技创新的投入需要从几个方面来衡量：一是 R&D 经费、R&D 人员；二是 R&D 经费投入强度、R&D 人员投入强度等比例数值的衡量。

本章的研究对象是 2011 年 1 月 1 日—2018 年 12 月 31 日在佛山的 A 股上市企业，为保证数据完整性，样本剔除了 R&D 支出等指标缺失的数据。

经过筛选后的佛山上市公司分布如下表 4-1 所示：

表 4-1　2011-2018 佛山上市公司分布

年份	2011	2012	2013	2014	2015	2016	2017	2018	合计
公司数量	12	16	20	23	27	27	34	34	193

（数据来源：Wind 金融终端整理所得）

1. R&D 经费投入

R&D 经费是衡量科技创新能力的主要标志，它指的是研发机构在公布年报时段内开展研发活动所造成的实际费用，包括与研发项目直接相关的活动的使用经费，工作人员的报酬，研发活动的基础建设和运营相关支出等。创新活动少不了研发经费投入，增加企业研发投入可以增加企业的组织活力，促进技术创新。在发达国家，企业的研发投入会带来巨大的商业回报，而我国企业的研发投入发展较晚，目前在研发投入程度方面处于较低水平。R&D 经费投入是中国科技和创新发展的主要驱动因素，研发投入可以反映一个地方对科技和创新的兴趣和发展情况。随着信息化经济的发展，中国的细分市场利润不断下降，本土企业应加快发展速度，增加研发投入，构建企业的核心竞争力。

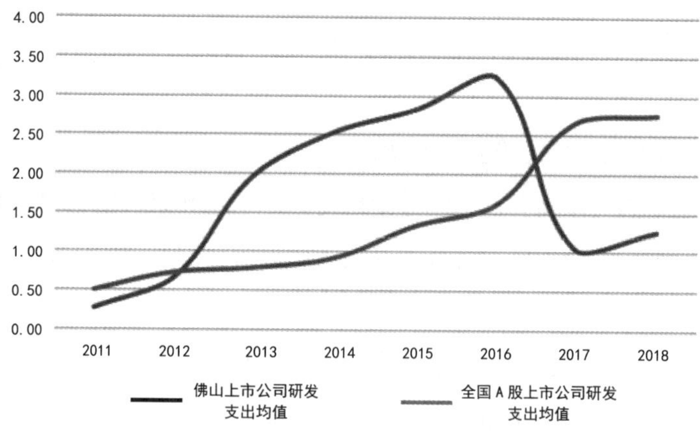

图 4-1 佛山上市公司与全国 A 股上市公司研发支出均值对比（亿元）

（数据来源：Wind 金融终端整理所得）

从佛山市上市企业的研发支出合计来看，如图 4-1 所示，2011 年到 2016 年这六年间，上市企业的平均研发支出呈现不断上升的趋势。2011 年企业平均研发支出为 0.26 亿元，到 2016 年平均研发支出达到 3.24 亿元，增长了 11.46 倍，逐渐赶超全国平均水平。可见，佛山上市企业对研发投入活动的重视程度在不断提高，这与知识经济的大背景以及佛山市上市公司的整体要求是相符的。但在 2017 和 2018 两年却有了一定程度的下滑，这个变动有可能是研发人员的数据披露引起的。

2. R&D 人员投入

研发人员是从事三种活动的人：基础性研究、应用研究和试验发展。这包括直接研发活动的人员，以及提供与研发工作有关的管理及直接服务的工作人员。其中，为研发活动提供直接服务的工作人员指的是与研发活动直接相关的工作人员，例如，为研发活动提供数据文献、材料储备和设备维护。创新活动的实施主体是人才，由于上市公司属于成熟型企业，其对研发人员的需求应更高。此外，企业创新活动往往都具有知识密集型的特点，企业在开展相关研发活动时往往无法缺少高素质的人才。知识含量高的企业往往能够拥有更多创新知识接受能力和创新创造能力强的人才。员工的创新能力高低作为一种无形的因素影响着企业整体创新能力水平。因此，在考虑企业创新效率的影响因素时有必要将劳动者素质这一因素考虑进来（刘力等，2010）。

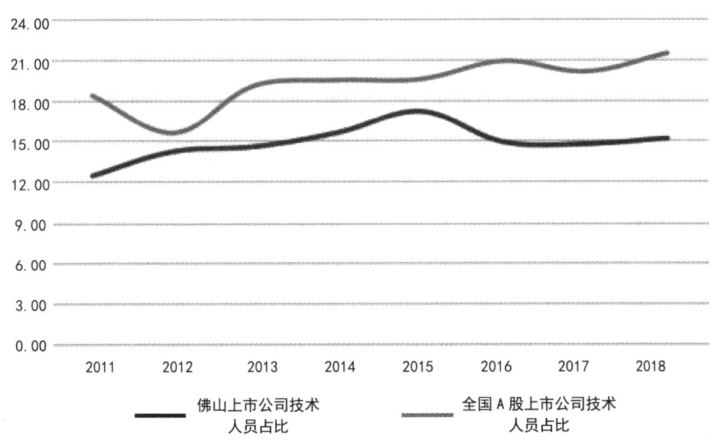

图 4-2 佛山上市公司与全国 A 股上市公司技术人员比例对比（%）

（数据来源：Wind 金融终端整理所得）

从 Wind 数据库搜集整理得到的数据来看，如图 4-2 所示，佛山上市企业近三年的技术人员占比平均值分别为 14.86%、14.71% 和 15.12%，技术型人员数量在减少，但幅度不大。从人员投入状况来看，还是整体落后于全国平均水平。研发人员投入大小和研发经费投入情况一样，都与当地经济发展水平密切相关，而上市企业研发人员投入水平很大程度上代表了佛山市企业整体的研发人员投入情况。同时，佛山市上市企业投入的研发人员数量上存在很大的不均衡性，上市的一些企业研发人员占比可以达到 30% 左右，而还存在一部分企业这一比例低至 3% 左右。此处的数据样本同上。

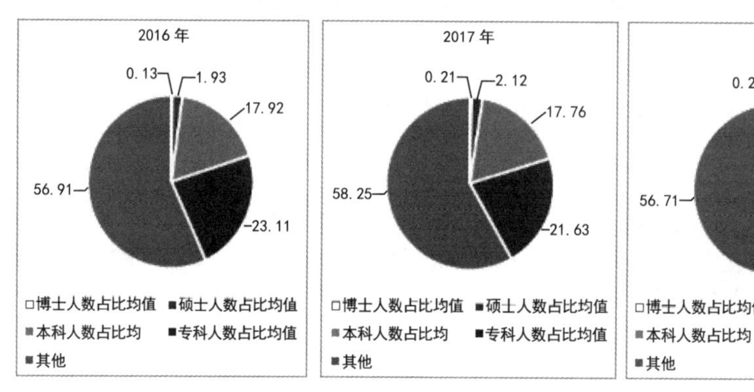

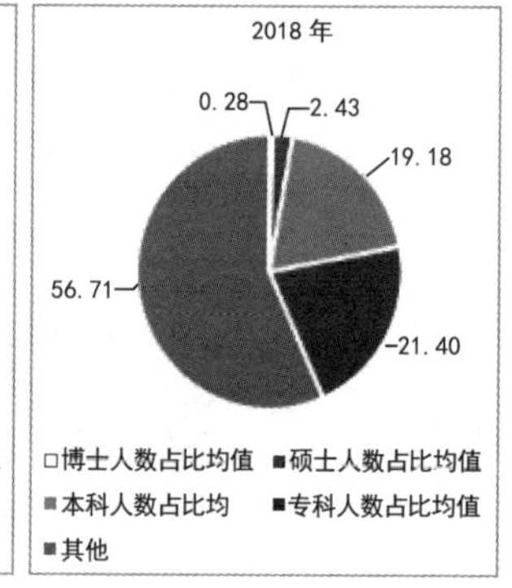

图 4-3 佛山上市公司 2016—2018 年人员学历分布情况

（数据来源：Wind 金融终端整理所得）

一方面，从时间维度对佛山上市公司的人员投入状况进行了分析；另外一方面，创新的研发往往对企业的知识存量有一定的要求，而企业的知识储备量往往反映在员工知识储量的水平上，高学历的员工知识面更广，可以为企业带来更多的创新成果。从佛山上市公司人员学历分布情况来看，佛山上市公司本科以上的高学历员工占企业员工总数的 20% 左右，且呈现出逐年递增的趋势，但增幅较小。截至 2018 年 12 月 31 日，公司员工平均总数 4282 人，其中，按照教育程度构成可分大学本科及以上学历人数占比 21.89%；大专学历人数占比 21.40%；其余为中专以下学历。具体人员学历分布情况如 4-3 图所示。

3. 研发密度

研发费用表示的是一个公司研发投入的绝对值，但是，科学看待一个公司的研发投入状况，不仅要关注其绝对值，更要从相对角度来考量。这里，研发密度的定义是公司每年的研发费用与其主营业务销售额之比，这个比率相对来说可以更加客观地观察到企业的研发密度及其逐年的变化趋势。下面将 2011—2018 年间，佛山上市公司的研发密度状况与全国 A 股上市公司做比较，从而对比看出佛山上市公司的研发投入状况在全国范围内的水平。

表 4-2 佛山上市公司与全国 A 股上市公司研发密度均值对比

年份	2011	2012	2013	2014	2015	2016	2017	2018
佛山上市公司研发密度	2.63%	3.16%	3.07%	3.88%	3.54%	3.74%	3.59%	24.63%
全国 A 股上市研发密度	3.71%	4.14%	4.31%	4.38%	4.43%	4.31%	3.99%	4.38%

（数据来源：Wind 金融终端整理所得）

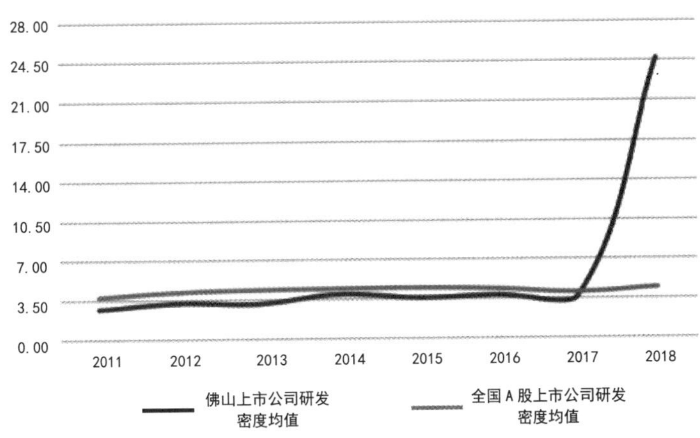

图 4-4 佛山上市公司与全国 A 股上市公司研发密度均值折线图对比（%）

（数据来源：Wind 金融终端整理所得）

如表 4-2 和图 4-4 所示，佛山上市公司的研发密度在 2010 年至 2016 年期间都低于全国研发密度水平，从 2016 年开始有了上升，到 2018 年佛山上市公司的研发密度水平是 24.63%，是全国研发密度值的 5.6 倍，这也代表着佛山市政府实施的创新驱动政策对佛山上市公司的研发活动有着明显的促进作用，且是正向的。为保证样本数据的完整性，佛山上市公司样本剔除掉了研发支出合计、技术人员占比、托宾 Q 值与净利息收益率缺失的数据，选择的时间范围为 2011—2018 年。

（二）佛山上市公司研发产出情况

通过对佛山上市公司研发投入的描述统计可以看出，企业对研发投入的重视程度在逐渐提升，幅度不大，就现在的研发投入情况来说，企业之间还存在较大差距。在此情况下，企业研发产出，尤其企业的技术产出的变化又是如何？从数据可以看出，佛山企业的专利数在逐年增加，专利平均水平更是增长明显，无形资产净值也在呈现逐年递增的趋势，说明企业这几年在增加企业的研发项目，企业的技术产能得到了大幅度的提升。这种现象在一定程度上说明了佛山企业整体的研发效率在不断提高。

1. 商 誉

商誉是由商品的制造者或管理者在其创造、传播和与之直接相关的经济行为中逐步形成的，反映了社会对其创造、产品、交易和管理的全面评估。对于消费者来说，它是一种对企业的好感；对于金融投资者或贷款人来说，它是对一个企业的超额收入的预期。创新投入的产出不仅体现在专利、著作成果上，还体现在商誉、著作权等无形资产上，有些研发投入短期不会产生很大的效应，但长期的投入会使公众对企业的认同感增加，从而提高企业商誉。由于商誉相关数据比较少，所下面通过商誉减值损失值来从反面印证研发投入给商誉带来的影响，商誉减值损失意味着商誉带来的经济利益比原来入账时所预计的经济效益要低。

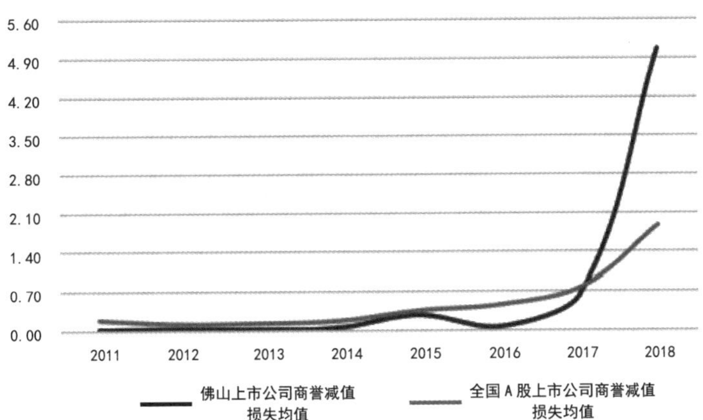

图 4-5 佛山上市公司与全国 A 股上市公司商誉减值损失均值对比（亿元）

（数据来源：Wind 金融终端整理所得）

从图 4-5 可以看到，2011—2017 期间，佛山市上市公司与全国 A 股上市公司商誉减值损失基本一致，处于较低水平，说明创新投入的增加引起商誉上升，带来的非专利影响比较好。但佛山上市公司商誉减值损失 2018 年涨至 5.06 亿元，是 2017 的 8.43 倍，是全国平均水平的 2.72 倍，这个特殊值有可能是前面提到的 2017 和 2018 年的研发投入减少引起的。此处的数据样本同上。

2. 无形资产

无形资产是可识别的、非金融资产，由企业拥有或控制，没有实际形体。基本上包括专利证、非专利技术、著作版权，等等。在以信息为基础的经济社会中，企业无形资产的价值是不能确定的。随着科技和创新的快速发展，创新的更新速度越来越快，无形资产也可能会因为技术的进步而减少；如果企业不希望在竞争中被淘汰，他们会投入更多的人力、物力和财力用于企业的创新工作，从而扩大无形资产的价值，无形资产的变化对企业绩效有着一定程度的影响。

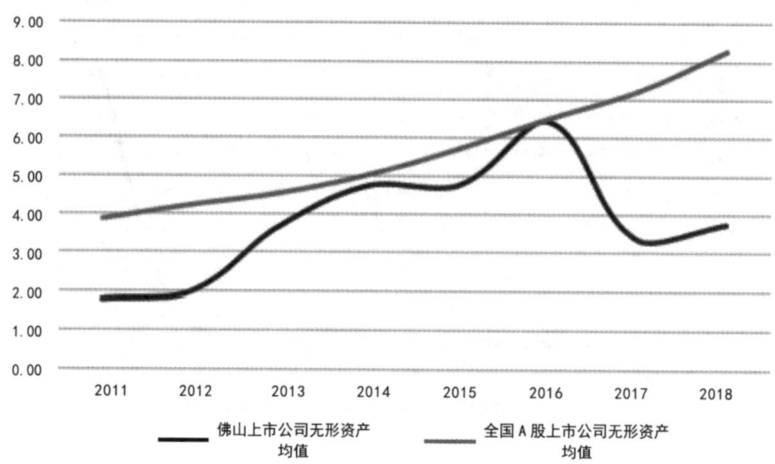

图 4-6 佛山上市公司与全国 A 股上市公司无形资产均值对比（亿元）

（数据来源：Wind 金融终端整理所得）

如图 4-6 所示，2011 年佛山上市公司无形资产平均为 1.77 亿元，随后一直处于增长趋势，2016 年达到最高值 6.41 亿元，是 2011 年无形资产均值的 3.6 倍。整体看来，佛山上市公司由于创新驱动政策的发展，无形资产的变动处于缓步上升的进程，变动趋势与全国 A 股上市公司的平均值基本一致，但还是略低于全国平均水平。这说明佛山上市公司在研发投入和研发绩效的快速转化方面与全国平均水平还有一定差距，需要进一步提高研发效率，缩小企业间的差距，以实现赶超。此外，2017 年和 2018 年无形资产均值都出现了下滑，与前面提到的资产减值损失的变动类似，可能是由于佛山上市公司 2017 和 2018 年的研发投入减少引起的。此处的数据样本同上。

二、佛山上市公司专利申请与批准

（一）佛山上市公司专利申请情况

作为一种保障发明成果和支持技术创新的独占性知识产权，专利代表了最新的创造水平和科技成就。尽管它不能直接用来衡量创新能力和水平，但是，它可以反映出创新的现有水平，这是自主创新和科技进步的重要体现，也是科技进步能力的重要标志。专利申请量和专利授权量可以更恰当地反映出一个地区或区域的科技发展程度和创新水平，而科技发展程度和创新水平将直接影响该地区或区域的市场竞争能力，因此，一个地区想要提升其现有创新、财政实力和竞争力，就需要切实加强对知识产权的保护，引进专业领域的创新人才，激发创新活力，争取更多的创新成果。

近年来，佛山市政府围绕重点产业、重点企业的发展，制定了一系列商标品牌政策，促进企业商标品牌的优化，同样，佛山还有效地制定了工作协调机制，扩大投入，推进企业专利结果的产出，并制定了整个链条政策体系，以保持和加快佛山专利成果的推进。2018 年佛山专利申请量为 89 388 件，同比增长 20.88%；授权量为 51 010 件，同比增长 38.74%；PCT 量为 857 件，同比增长 18.04%，这也同样说明佛山企业在专利申请方面极具活力。①

（二）佛山上市公司专利批准情况

专利授权量是指经国务院专利行政部门授权的专利权的数量，是国际上通用的衡量创新绩效的最重要的指标之一。专利授权数量越多，反映该

① 朱苏娇．佛山“知产”家底如何？来看：2018 年度佛山市知识产权报告[N]．南方号，2019-04-26.

区域的创新产出能力水平越高。2015 年佛山专利申请量为 27 530 件，到 2018 年增长至 89 395 件，增幅为 85. 29%，同比增长达到 38. 74%。

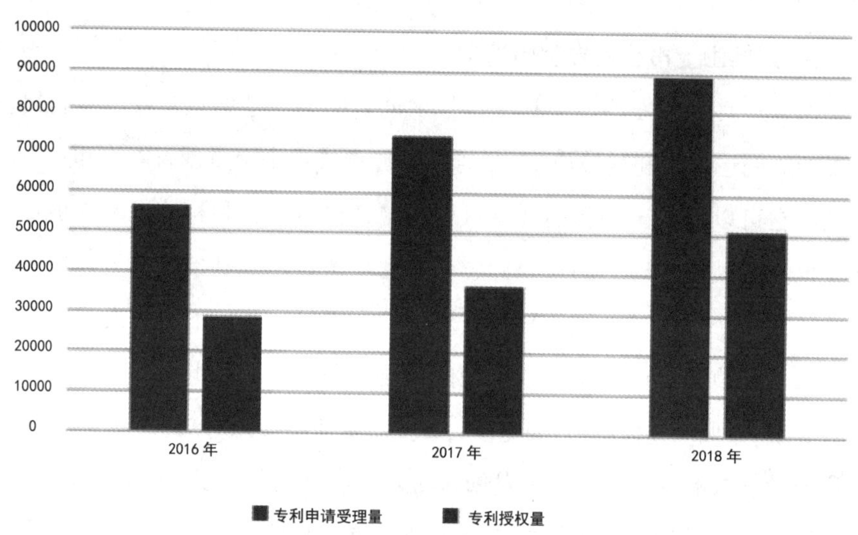

图 4-7 佛山专利申请受理量和授权量（件）

（数据来源：广东科技统计数据）

如图 4-7 所示，佛山专利授权量稳步上升，专利授权数基本同步于申请数的增长，这表明，佛山的知识产权质量也在提高。不仅仅是专利的数量在扩大，而且质量也在上升。以 2018 年为例，佛山发明专利申请量为 29 709 件，授权量为 5 058 件，同比增长 3.2%；有效发明专利量为 19 497 件，同比增长 29.55%。此外，专利的质量也是大大提升，2018 年，在第 20 届中国专利奖评选中，佛山高质量专利奖获得 52 项，数量达到历史新高度，累计获得 16 项省级专利奖项，其中金奖 2 项，2018 年，佛山有 26 家新企业被视为国际知识产权示范企业，数量为历届之首。①

① 中共佛山市委宣传部．佛山专利申请 4 年翻 1 倍 [N]. 广州日报，2019-04-26.

此外，佛山市上市企业的专利水平存在很大差距，广东美的制冷设备有限公司 2018 年以 1716 件专利申请居榜首，但是还有很多企业每年的专利申请量为个位数，甚至有的企业同期值为 0，从专利申请量可见佛山市专利水平参差不齐，企业间差距较大。

三、佛山上市公司创新绩效实证分析

（一）研发对企业绩效的影响

成功的企业研发活动产生的作用，最终要体现在企业的绩效的增长上，即体现在企业的盈利能力的提高上。企业增加研发投入，是否会有效提升企业的盈利能力？学界对此有不同的观点：

1.研发投入与企业绩效正相关；（孙慧，王慧，2017；Ren & Eisingerich，2015）

2. 研发投入与企业绩效呈负相关或不相关；（Bottazzi，2001；李中，周勤，2012）

3. 研发投入对企业绩效的影响具有滞后性。（即今年的研发投入增长，会影响明年或者后年……以后 n 年的盈利能力）（陈建丽等，2015；孔庆景，2010）

国内外学者们运用不同的样本，采用不同的方法进行研究，得出了以上三种结论。

本书的主要研究目的，就是验证佛山上市公司的研发投入是否会有效提升企业的盈利能力，研发投入和盈利能力之间是正相关还是负相关，抑或是否有滞后影响、滞后几年。本书的研究结论，对指导佛山市企业如何合理利用研发投入资金、提高研发效率、提高佛山市企业的技术创新能力，有非常重要的现实意义。

（二）研发投入对企业绩效影响实证分析

1. 研究设计

根据前人文献，我们提出以下三个假设：

假设一：企业绩效与企业研发投入存在正相关关系；

假设二：企业绩效与企业研发投入负相关或不相关；

假设三：企业绩效与企业研发投入的相关性存在滞后性。

本小节所采用的所有数据均来自 Wind 数据库。在处理数据时，主要通过 SPSS 13.0 和 Excel 软件完成绩效指标的提取、变量的描述性统计、相关性分析及回归分析。本小节样本来源与数据筛选，与本章第一节一致。

2. 变量及模型

（1）被解释变量选取

在对企业研发绩效的评价过程中，主要以企业的盈利能力和成长能力为主。盈利能力与成长能力是从会计利润角度衡量企业的经营绩效的，这不足以说明企业价值的全貌，按照这种思路，本节采用一个代表公司价值的变量——托宾 Q 值，来分析研发效率和公司价值之间的联系。不仅考虑了股权价值、债务价值对公司价值的影响，而且更好地反映了金融投资者对公司价值的评估。衡量企业市场价值的指标包括市值和托宾 Q 值。在本节中，托宾 Q 值被选为企业价值的衡量指标，托宾 Q 值 = 企业总市值 / 资产账面总值。

（2）解释变量选取

①研发密度。

研发密度是企业从收入中分配资金进行研发投入的相对比例，这一相对数指标可以有效避免个体差异。在研发密度的公式选择中，通常以研发费用作为研发密度分子，研发密度分母的选择通常有企业市场价值和主营业务销售额等指标。相比于市场价值，主营业务销售额的获得更加具有参考意义，能够较好反映企业研发投入的意愿和水平。基于以上考虑，研发密度的指标定义为：

研发密度 = 每年研发费用 / 公司主营业务销售额

②研发人员占比。

研发人员投入是指企业实际参与研发活动的人员数量，从人力资源方面反映了企业的研发投入情况。由于在佛山上市公司年报中，绝大部分企业并未披露研发人员的数量情况，基于数据可得性，本研究采用技术人员数量代替。基于以上考虑，研发人员占比的指标定义为：

研发人员占比 = 技术人员数量 / 员工总数

③控制变量选取

除研发密度和研发人员投入外，影响企业绩效的因素还有很多。由于本书对绩效的研究集中在企业市场价值方面，因此对企业的营运、盈利能力等方面因素均需加以控制以确保研究结果的针对性。同时，企业规模和企业偿债能力也对本书研究的研发投入绩效有重要影响，也需加以控制。除了以上既定的解释变量和被解释变量外，企业的其他内外部因素也会对企业绩效产生影响，考虑到研究结果的客观性和准确性，要将相关因素作为控制变量。在参考了其他学者研究的基础上，选取公司规模、资产负债率、总资产收益率、净资产收益率、公司年龄等 5 个变量作为控制变量。

各变量的相关定义如下表 4-3 所示：

表 4-3 各变量相关定义

变量类型	变量名称	变量代码	具体定义及计算方式
被解释变量	托宾 Q 值	TOBINQ	企业总市值与每年资产账面总值的比率
解释变量	研发密度	FRDIN	每年研发费用与公司主营业务销售额的比率
	研发人员占比	NUMTECHRATIO	技术人员数量 / 员工总数

续表

变量类型	变量名称	变量代码	具体定义及计算方式
控制变量	公司规模	LNASSET	每年公司账面资产价值的自然对数
	资产负债率	ALRATIO	企业总负债 / 企业总资产
	总资产收益率	ROA	固定年净收入与总资产的比率
	净资产收益率	ROE	固定年净收入与平均股东权益的比率
	公司年龄	AGE	公司从成立至今的年龄

④模型的设计

根据以上对变量的选取结果，本书的模型如下：

$$TOBINQ_{i,t}=\hat{a}_0+\hat{a}_1FRDIN_{i,t}+\hat{a}_2NUMTECHRATIO_{i,t}+\hat{a}_3LNASSET_{i,t}$$
$$+\hat{a}_4ALRATIO_{i,t}+\hat{a}_5ROA_{i,t}+\hat{a}_6ROE_{i,t}+\hat{a}_7AGE_{i,t}+\grave{\imath}_{i,t}$$

其中，TOBINQ 表示托宾 Q 值，FRDIN 表示研发密度，NUMTECHRATIO 表示技术人员占比，LNASSET 表示公司规模，ALRATIO 表示资产负债率，ROA 表示总资产收益率，ROE 表示净资产收益率，AGE 表示公司年龄。i 表示样本中每一个企业，t 表示年份，β_0 为常数项，β_1-β_7 为解释变量与控制变量的相关系数，μ 为随机变量，用于消除其他因素可能造成的干扰。

3. 实证分析

（1）描述性统计分析

表 4-4 为各变量描述性统计表，从企业绩效指标上来看，经过数据整理过程后的非平衡面板中佛山上市企业 2011 年至 2018 年的样本量有 193 个，托宾 Q 值（TOBINQ）最小值和最大值分别为 0.908 和 14.531，说明佛山不同上市企业的绩效水平差别较大。企业研发密度（FRDIN）均值为 7.2%，说明佛山上市企业大多注重科技研发。研发人员占比（NUMTECHRATIO）均值为 15.04%，最小值 1.41%，最大值 57.22%，这

表示佛山上市公司对研发人员的投入比较重视，整体水平逐渐提升，但是企业间差距较大，2018 年南华仪器的研发人员占比达到 40%，但星期六股份有限公司的研发人员占比仅 2.54%。

表 4-4 各变量描述性统计表

变量	样本数量	均值	标准差	最小值	最大值
TOBINQ3（托宾 Q 值）	193	2.693	1.990	0.908	14.531
FRDIN（研发密度）	193	0.072	0.508	0.000	7.083
NUMTECHRATIO（研发人员占比）	193	15.048	9.119	1.410	57.220
LNASSET（公司规模）	193	21.859	1.088	19.779	25.863
ALRATIO（资产负债率）	193	38.412	17.526	7.697	125.626
ROA（总资产收益率）	193	6.083	9.368	-59.921	27.798
ROE（净资产收益率）	193	4.715	45.816	-591.179	61.952
AGE（公司年龄）	193	19.420	5.491	8.000	37.000

（2）变量相关性分析

通常，在进行相关性分析测试变量之间的关系时，我们通常采用皮尔逊分析法，这里的分析同样采用皮尔逊分析法进行分析，以检验各变量的相关程度。结果如表 4-5 所示，从相关系数可以看出，研发人员占比与托宾 Q 值在 1% 的水平上正相关，公司规模与托宾 Q 值在 1% 的水平上显著负相关，资产负债率与托宾 Q 值在 5% 的水平上显著负相关。

表 4-5 变量的皮尔逊（Pearson）相关系数

变量	TOBINQ3（托宾Q值）	FRDIN（研发密度）	NUMTECHR（研发人员占比）	LNASSET（公司规模）	ALRATIO（资产负债率）	ROA（总资产收益率）	ROE（净资产收益率）	AGE（公司年龄）
TOBINQ3（托宾Q值）	1	-	-	-	-	-	-	-
FRDIN（研发密度）	-0.034	1	-	-	-	-	-	-
NUMTECHR（研发人员占比）	0.234***	-0.015	1	-	-	-	-	-
LNASSET（公司规模）	-0.318***	0.142**	-0.204***	1	-	-	-	-
ALRATIO（资产负债率）	-0.136*	0.108	-0.039	0.384***	1	-	-	-
ROA（总资产收益率）	0.111	-0.063	-0.001	0.206***	-0.375***	1	-	-
ROE（净资产收益率）	-0.084	-0.022	0.044	0.185**	-0.358***	0.744***	1	-
AGE（公司年龄）	-0.09	0.051	0.087	0.134*	0.164**	-0.198***	-0.117	1

注：*、**、*** 分别表示在 10%、5% 以及 1% 的统计水平上显著。

（3）回归分析

在获取了佛山 A 股上市公司从 2011—2018 年的相关研究变量的非平衡面板数据后，先进行固定效应模型和随机效应模型的回归，结合豪斯曼检验，结果发现本书适合采用固定效应模型来进行回归分析。

①当期回归分析。

豪斯曼的检验结果，显著性 P 值显示 Prob=0. 0000，小于 5%，因此拒绝原假设（随机效应模型），选取用固定效应模型进行分析。从表 4-6 当期回归分析结果中可以看出，当期的研发密度和研发人员占比与绩效变量都无显著性相关关系。这证明企业进行研发投入时，往往无法在当期的市场价值上及时获得有效收益。故而，企业当期的研发投入对绩效指标不形成正面或者负面的影响。当期研发人员占比与绩效变量不显著相关，原因可能是由于企业对研发人员核心数据的保密，导致外部投资者对这些信息的不重视，从而导致二者不显著相关。所以下面考虑滞后绩效的分析。

表 4-6 当期回归结果

变量名称	变量代码	系数	T 值	P 值
研发密度	FRDIN	-0.070	-0.290	0.771
研发人员占比	NUMTECHRATIO	0.017	0.730	0.467
公司规模	LNASSET	-0.548	-1.500	0.137
资产负债率	ALRATIO	0.000	0.020	0.983
总资产收益率	ROA	0.036	1.550	0.124
净资产收益率	ROE	-0.004	-0.860	0.391
公司年龄	AGE	0.105	1.310	0.193

注：*、**、*** 分别表示在 10%、5% 以及 1% 的统计水平上显著。

②滞后一期回归分析。

豪斯曼的检验结果，显著性 P 值显示 Prob=0.0000，小于 5%，因此拒绝原假设，选取用固定效应模型进行分析。在滞后一期的检验中，分别选择 L.FRDIN 和 L.NUMTECHRATIO 表示滞后一期的研发密度和研发人员占比。由下表 4-7 的回归结果可以看出，滞后一期研发密度对绩效变量托宾 Q 值的系数为 43.453，表示当滞后一期研发密度增加一个单位时，本期企业绩效会增加 43.453 个单位，且在 1% 水平下显著正相关。滞后一期研发人员占比对绩效变量托宾 Q 值无显著性相关关系，原因可能是企业未披露研发人员信息，所以外部投资者只关注研发经费，不重视企业技术人员数量的变动，因此市场对研发人员的变动不敏感，导致二者关系不显著。接下来进行滞后二期的回归分析。

表 4-7 滞后一期回归结果

变量名称	变量代码	系数	T 值	P 值
滞后一期研发密度	L.FRDIN	43.453 ***	6.430	0.000
滞后一期研发人员占比	L.NUMTECHRATIO	0.038	1.810	0.074
公司规模	LNASSET	-0.334	-1.010	0.315
资产负债率	ALRATIO	-0.029	-1.550	0.123
总资产收益率	ROA	0.011	0.520	0.603
净资产收益率	ROE	0.000	0.090	0.930
公司年龄	AGE	0.026	0.310	0.753

注：*、**、*** 分别表示在 10%、5% 以及 1% 的统计水平上显著。

③滞后二期回归分析。

豪斯曼的检验结果，显著性 P 值显示 Prob=0.0004，小于 5%，因此拒绝原假设，选取用固定效应模型进行分析。在滞后二期的检验中，分别选择 L2.FRDIN 和 L2.NUMTECHRATIO 表示滞后一期的研发密度和研发人员占比。通过下表 4-8 可以看出，滞后两期的研发密度和研发人员占比对绩效变量托宾 Q 值都无显著性影响，公司规模对绩效在 10% 的水平下显著负相关。虽然滞后一期的研发密度对绩效变量托宾 Q 值有显著性正面影响，但是滞后二期的研发密度对绩效变量托宾 Q 值却不能造成显著性正面影响或负面影响，这表明研发投入对企业绩效的影响并不是滞后期越长，其影响就越大，滞后一期的研发密度给企业带来的收益回报更加明显。

表 4-8 滞后二期回归结果

变量名称	变量代码	系数	T 值	P 值
滞后二期研发密度	L2.FRDIN	-4.088	-0.510	0.613
滞后二期研发人员占比	L2.NUMTECHRATIO	0.023	0.930	0.353
公司规模	LNASSET	-1.003*	-2.430	0.017
资产负债率	ALRATIO	0.010	0.440	0.661
总资产收益率	ROA	0.021	0.870	0.385
净资产收益率	ROE	0.002	0.370	0.711
公司年龄	AGE	-0.006	-0.050	0.960

注：*、**、*** 分别表示在 10%、5% 以及 1% 的统计水平上显著。

④研究结论

本书选取佛山市 A 股上市公司 2011 年至 2018 年的研发投入和相关财务数据，在对研发投入与绩效关系定性分析的基础上，运用实证研究方法，采用研发密度和研发人员占比为解释变量，将衡量企业市场价值的绩效指标托宾 Q 值作为解释变量。从企业的市场价值方面对研发投入绩效进行评价，并将企业规模、资产负债率、总资产收益率、净资产收益率、公司年龄等指标作为控制变量，建立多元线性回归模型分析了研发投入与企业绩效的当期相关性及滞后期影响。通过上述研究分析，得到的主要结论如下。

第一，就研发密度而言，大多数企业都重视创新，这是创新发展在目前严峻的市场竞争中的重要性的一个明显的标志。从研发人员占比来看，佛山上市公司已经认识到研发人员在研发活动的主导作用，逐渐增加研发人员投入。通过表 4-4 各变量描述性统计表可知 2011—2018 佛山上市公司研发人员占比均值为 15.04%，最小值 1.41%，最大值 57.22%，虽然研发人员投入整体水平逐步提高，但企业间的差距巨大。2018 年南华仪器的研发人员占比达到40%，但星期六股份有限公司的研发人员占比仅2.54%。因此，政府和企业都应该关注研发投入的不平衡性，不应该让企业间的差距继续扩大，而应该积极行动，控制这种情况，完成佛山企业的同步和协调发展。

第二，研发人员占比与托宾 Q 值之间的非相关关系可能是由于企业核心研发人员的保密性，企业只向外披露专业技术人员的数量，促使外部金融投资者忽视了这一数据，而主要关注研发经费方面的片面数据。这样一来，市场对研发人员的变动并不敏感，从而使研发人员的水平与绩效变量之间没有显著的联系。企业负责人应该更加关注详细的企业研发数据的披露方式，这将为市场提供积极的信息，这有助于外部金融投资者更好地了解该企业，尽量避免投资的风险，同样可以进一步发展该企业的投资评估状况，从而扩大其市场的价值并提升其绩效水平。

第三，对托宾 Q 值的分析结果支持了第三个假设：企业绩效与企业研发投入的相关性存在滞后性（这里主要针对研发密度）。这个滞后的时间是一年，也就是说，企业的研发投入在当期不会产生巨大的收益，而且不间断的资本投入可能会对公司产生影响。长周期的研发投入活动是危险的，也是不稳定的，因此，企业负责人不应该把注意力放在短暂的利益上，而应该关注研发投入带来的长期影响，坚持不懈地提高企业的发展能力。同样，也应该关注滞后性的问题，企业应该有效地去缩短研发投入和企业绩效之间的滞后时间，加快企业研发投入的转化，实现研发投入活动的积极作用。

（三）结论及对策建议

回顾本章的三个研究假设：

H1：研发投入与企业绩效正相关；

H2：研发投入与企业绩效呈负相关或不相关；

H3：研发投入对企业绩效的影响具有滞后性（并检验滞后了几年）。

当选择 ROA 为企业绩效指标时，我们的研究结论支持了第二个研究假设：研发投入与企业绩效不相关。

当选择 ROE 为企业绩效指标时，我们的研究结论也支持了第二个研究假设：研发投入与企业绩效负相关（这里仅支持研发投入密度，而非研发投入的绝对值）。说明前一年、前两年的研发密度越大，今年的绩效水平 ROE 就越低。原因可能是去年和前年的研发投入越大，导致今年的留存收益就越少，今年的 ROE 就越低。说明研发密度增加，会挤占当期和滞后一期和两期的 ROE 的水平。说明企业增加研发，并不会立刻反映在财务绩效水平的提升上。

当选择 TOBINQ 为企业绩效指标时，我们的研究结论支持了第三个研究假设：研发投入对绩效的影响具有滞后性。由于 TOBINQ 反映的是企业的股票市场价值与重置成本的比例，因此，该指标可以反映上市公司的在二级市场股价的市场表现。前面一年的研发费用越高，今年的 TOBINQ 绩效水平就越低，说明增加研发费用，不能有效提升企业的 TOBINQ 绩效水平；前面一年的研发密度越高，今年的 TOBINQ 绩效水平就越高，说明增加研发密度，能有效提升企业的 TOBINQ 绩效水平，只是这个提升效果，需要滞后一年才能体现出来。

研发密度是研发费用和企业主营业务收入净额的比率，说明企业要想有效提升绩效水平，不应只注重研发费用的绝对量的增加，而应该注重研发密度的增加，即和主营业务相比的比例要增加，才能提升企业的市场表现绩效水平 TOBINQ，并且这个效果要滞后一年才能体现出来。

1. 本章结论

①企业增加研发投入，并不会立刻反映在财务绩效水平（ROA、ROE）的提升上，也许研发带来的效果需要更长时间才能体现在财务绩效水平的提升上；

②企业增加研发密度，会很快体现在滞后一期的TOBINQ的提升上，说明增加研发密度，可以在随后的一年能带来企业市场绩效水平TOBINQ的提升，这也从另外一个侧面证明了中国股票市场是有效市场，能较为快速地反映市场里所有的信息。

2. 对策建议

①佛山上市公司不仅应该注重企业研发投入的绝对量，更应该注重研发投入的相对量：研发密度的提升，这样才能更有效地提升企业的绩效水平。

②佛山上市公司研发投入带来的效果，并不会很快体现在企业财务绩效的提升，而是可以很快体现在企业的市场表现绩效TOBINQ的提升上。因此，企业的创新驱动政策，不能急功近利，需要放长线钓大鱼，既注重增加研发投入强度，也要注重提高研发资金的使用效率，使得研发的效果，首先通过股票市场表现的提升，进而传导到公司财务绩效的提升，使得上市公司的所有股东都能因创新驱动而得到长远的利益。

本章节研究的不足之处及未来改进方向：第一，由于一部分上市公司并没有披露研发费用数据，所以本章节的实证分析只是获取了部分样本，未来有机会可以拓展数据来源；第二，关于衡量企业创新能力的指标，本章节采用的是创新投入，未来可以采用综合了技术创新投入和产出信息的指标——技术创新效率，该指标比创新投入指标更科学；第三，佛山大部分是民营企业，未来可以对国有企业和民营企业进行分组研究。以上都是本章研究的不足之处以及后续研究反向。

四、佛山上市公司的政府补助与税收减免

（一）佛山上市公司的政府补助

早在20世纪20年代的时候，就出现了关于政府补助的相关探讨与研究，Cecil Pigou在20世纪50年代发表的《福利经济学》中认为政府补助是政府进行经济调控的一种宏观政策手段，这样做的主要目的是使社会资源配置能够达到优化，以尽可能做到最高效率的利用；而在此后，我国学者也相继给出了更加细致的界定划分，如有观点认为政府补助作为不直接的政策调控方法，其具有无偿性的特点，以作用于相对价格结构来达到供求平衡，实现最终的资源最优化，具体措施通常有：发放专项补贴、税收减免、价格补贴等；政府补助是指政府等国家公共机构给予企业在财力方面的援助或者在价格等方面提供的优惠的支持，即本质是国家以直接或间接方式将利益传输到企业的无偿性行为。[①] 结合上文所述，政府补助是公司无偿从政府取得的一种收益。

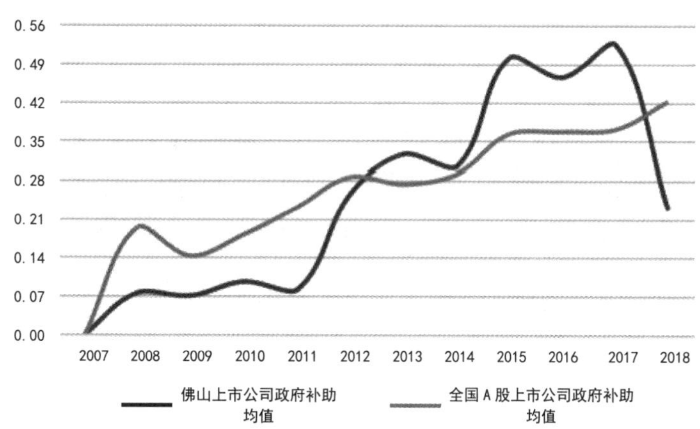

图4-8 佛山上市公司与全国A股上市公司政府补助均值对比（亿元）

（数据来源：Wind金融终端整理所得）

① 郭丹丹．政府补贴对创业板上市公司企业绩效的影响研究[D]．西安理工大学，2019.

由图 4-8 佛山上市公司与全国 A 股上市公司政府补助均值对比可以看出，全国 A 股上市公司的政府补助一直处于稳步上升状态，说明国家对于上市企业研发投入活动的重视程度越来越高，支持力度也越来越大。佛山上市公司政府补助在 2011 年以前一直落后于全国平均水平，但 2012 年至 2015 年期间涨幅巨大，赶超全国平均水平，这说明佛山政府也在逐渐提升对上市企业研发投入活动和企业建设的重视程度，加大政府补助，以减少企业因创新活动带来的负担，加速企业的创新进程。2018 年佛山政府补助均值出现下滑，可能是由于美的集团未在 2018 年年报中披露政府补助的金额，导致政府补助的整体水平的相应减少。为保证样本公司数据的完整性，所选的时间跨度为 2007—2018 年。

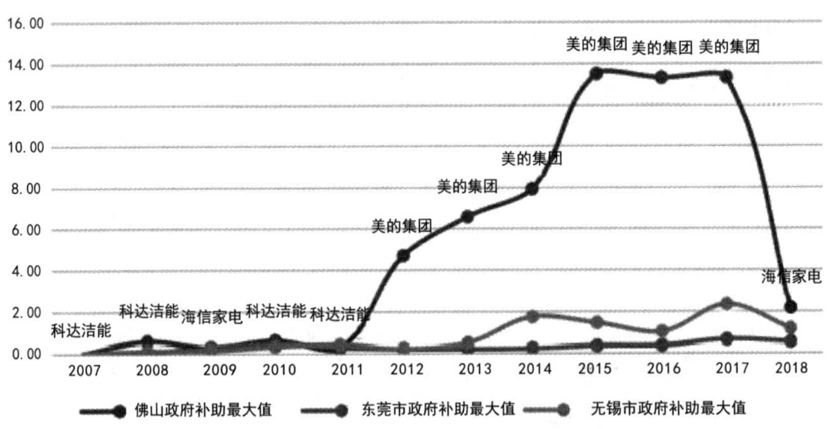

图 4-9 佛山市、东莞市、无锡市上市公司政府补助最大值对比（亿元）

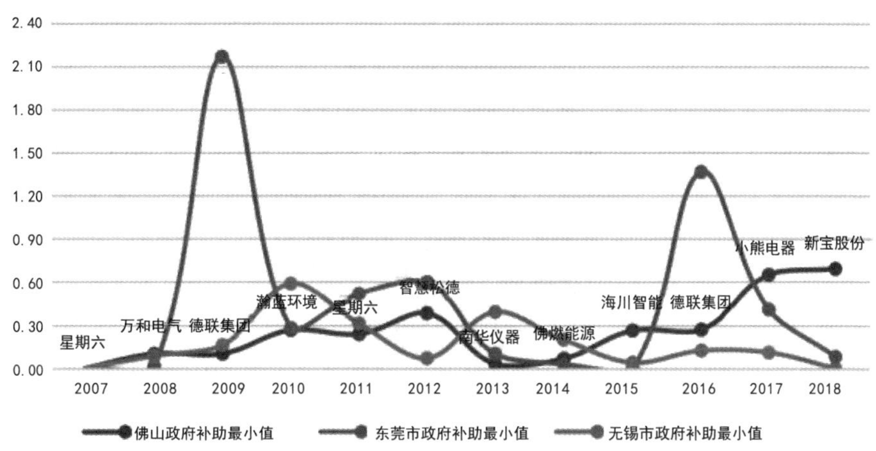

图 4-10 佛山市、东莞市、无锡市上市公司政府补助最小值对比（百万元）

由佛山市政府 2016 年印发的《佛山市促进企业上市扶持办法》一文可知，近年来佛山市政府加大了企业上市扶持力度，通过对境内外上市企业以及新三板挂牌企业实行一次性资金补贴，鼓励、推动更多企业利用资本市场实现跨越发展。① 由图 4-9 和图 4-10 可以看到，佛山市政府补助的最大值集中于科达洁能、海信家电、美的集团三个企业，特别是 2012—2017 年，佛山市政府对美的集团的政府补助远远超过东莞市与无锡市的最大值，这也符合佛山市政府提出的发展一批先进的“领头羊”企业，牵引带动其他企业以推进高质量发展的理念。位于佛山市政府补助较低水平的企业分别为星期六股份有限公司、万和电气、德联集团、瀚蓝环境等规模较小的企业，相比于顺德区的几大巨头企业，他们得到的政府补助较少，但后续发展可能性也很大。

① 佛山市人民政府办公室．佛山市促进企业上市扶持办法 [Z]．2016-05-17.

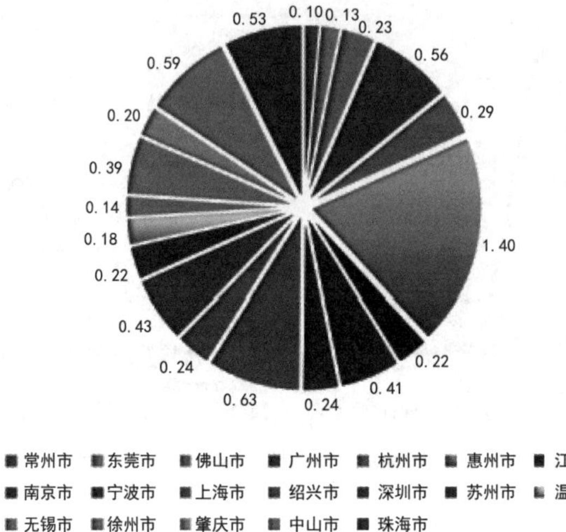

图 4-11 2018 年珠三角、长三角 A 股上市公司政府补助分布（亿元）

（数据来源：Wind 金融终端整理所得）

图 4-11 选用了 2018 年珠三角 9 市东莞市、佛山市、广州市、惠州市、江门市、深圳市、肇庆市、中山市、珠海市，长三角城市上海，江苏徐州、常州、无锡、南京、苏州，浙江宁波、杭州、绍兴、温州这些城市的政府补助数据进行横向对比。由图 4-11 可以看到，佛山上市公司政府补助均值在珠三角、长三角 19 个城市中排名第 12 位，位于比较靠后的位置，这与 2018 佛山上市公司的平均政府补助下降有很大关系。从前面可以看到，从 2012 年开始，美的集团一直处于政府补助的最高水平，由于美的集团未在 2018 年年报中披露政府补助的金额，所以影响了佛山上市公司政府补助的整体水平。此外，在排名前 10 的 A 股上市公司政府补助中，有 5 个珠三角城市排名较前，排名第一的是惠州市 1.4 亿元。这说明珠三角城市 A 股上市公司平均政府补助与长三角对比还是位于较高水平。

（二）佛山上市公司的税收减免

在市场经济条件下，企业是创新发展行为、研发和风险承担的主要集合体。作为创新发展行为的外部推动力之一，税收优惠主要是通过利益驱动、风险承担和能力支持来提升企业的创新发展动力和能力，进而激发企业的创新投入和创新发展行为。利益驱动部分增加了预期的创新收入，减少了创新发展的费用，相应地扩大了创新发展的效益预期；风险分担减少了企业自身承担的创新发展风险；能力支持影响了企业在科技进步方面所期望的资产和人力资源的储备。因此，各级政府大多乐于采用税收优惠政策以促进企业的创新发展。

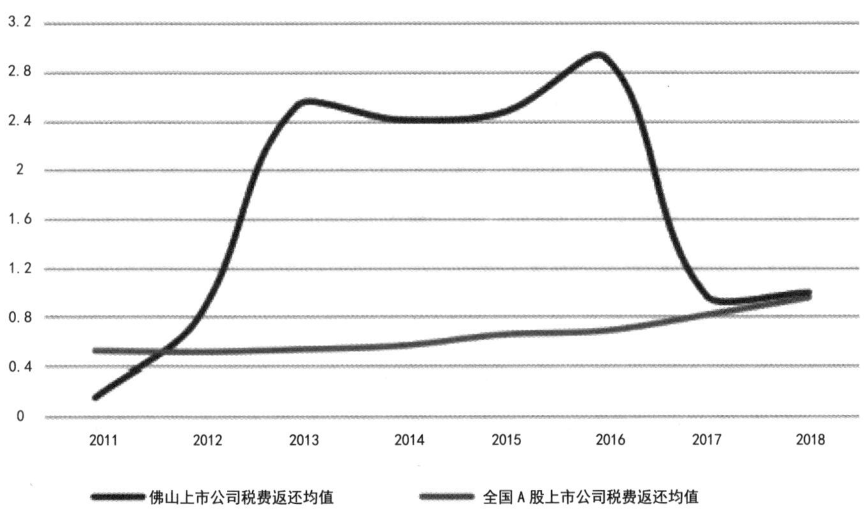

图 4-12 佛山上市公司与全国 A 股上市公司税费返还均值对比（亿元）

（数据来源：Wind 金融终端整理所得）

从图 4-12 可以看出，佛山市上市公司的税收返还整体处于较高水平，2011 年全国 A 股上市公司平均税收返还为 0.52 亿元，是佛山上市公司的将近3.5倍，2012年佛山上市公司赶超全国平均水平，随后一直处于上升趋势，到2016年，佛山上市公司的平均税收返还为2.92亿元，是全国A股上市公司平均值0.68亿元的4.3倍，虽然在2017年和2018年都有一定程度的下滑，但还是高于全国平均水平。为保证样本公司数据的完整性，所选的时间跨度为2011—2018年。

广东省从2012年11月1日开始执行交通运输业务和部分现代服务行业的营改增试点，佛山市营改增试点全面执行以来，税务部门展开了策略，不仅减轻了纳税人税收负担，而且打通了整个产业链中进项抵扣链，促进了产业转型升级。2017年，营改增为全市纳税人减税近60亿元，试点行业减税面达95%以上。为帮助企业降低税负，佛山税务部门大力宣传落实“粤十条”“佛十条”等系列减税降负新举措，创新开发了《税收优惠一本通》电子书并通过微信公众号进行推广，并开展减税政策相关网络直播公开课、利用“佛山税务”微信公众号定期推送相关信息等，确保纳税人应享尽享各项税收优惠政策。由此看来，佛山市政府贯彻了国家减税降费的相关政策，积极为佛山企业提供支持，减少创新投入活动给企业带来的负担，激发了佛山企业积极投入创新活动的动力，并且取得了立竿见影的实质性效果。资料显示，2018年以来，全市银税互动项目，如“税融通”“政信保”等已累计发放贷款38.90亿元，帮助了1521家创业企业。

在产业转型的关键阶段，减税降费是政府激发企业创新、维持经济平稳运行的必要策略。企业谋发展，税收服务来护航。在民营企业发展过程中，资金一直是民营企业十分关注的一个重要问题。帮助民营企业，特别是中小微企业解决资金问题，打通企业融资的“最后一公里”，是当前佛山企业变革的一个重要阶段。除了帮助企业解决资金问题、开拓国内市场，税收服务也能起到助推企业“走出去”的作用，佛山市政府应多渠道开展“走出去”相关税收政策的宣传，充分落实境外投资者的税收减免，不断优化外资营商环境，提高吸引外资的竞争力，推动我国“一带一路”建设的发展。

五、佛山上市公司科技创新案例分析

佛山上市公司研发投入均值情况如下表 4-9 所示，选取 2007—2018 佛山 A 股上市公司作为样本数据，为保证数据完整性，剔除了平均年研发费用（AVERRD）、平均年研发密度（AVERFRDIN）、平均年研发人员占比（AVERNUMTECHRATIO）的缺失值。

表 4-9 佛山上市公司 2007—2018 研发投入均值排名

序号	公司代码	公司名称	AVERRD（元）	AVERFRDIN	AVERNUMTECHRATIO（%）
1	000333.SZ	美的集团	4380000000	0.0252121	7.623125
2	000921.SZ	海信家电	650000000	0.0231543	13.91282
3	603288.SH	海天味业	294000000	0.0318286	16.98257
4	002705.SZ	新宝股份	178000000	0.0296484	10.94285
5	600499.SH	科达洁能	153000000	0.0358199	27.1916
6	002543.SZ	万和电气	114000000	0.0296556	10.11105
7	000541.SZ	佛山照明	90600000	0.0292102	5.874957
8	002918.SZ	蒙娜丽莎	73000000	0.0335351	8.41
9	300737.SZ	科顺股份	68400000	0.0423758	12.50088
10	002449.SZ	国星光电	66600000	0.0417656	22.51255
11	300415.SZ	伊之密	59800000	0.0446408	21.714
12	603348.SH	文灿股份	49200000	0.0414095	19.20882
13	000533.SZ	顺钠股份	49000000	0.0139675	11.73643
14	000973.SZ	佛塑科技	47900000	0.0165596	7.071063
15	002611.SZ	东方精工	46900000	0.0332928	28.08614

续 表

序号	公司代码	公司名称	AVERRD（元）	AVERFRDIN	AVERNUMTECHRATIO（%）
16	002260.SZ	*ST 德奥	45400000	0.0682124	8.888112
17	002670.SZ	国盛金控	42800000	1.046677	20.46717
18	002054.SZ	德美化工	41400000	0.0305788	14.82254
19	300599.SZ	雄塑科技	39200000	0.0289395	8.636666
20	002666.SZ	德联集团	38100000	0.0196211	7.373828
21	002446.SZ	盛路通信	36700000	0.0605407	14.44486
22	002922.SZ	伊戈尔	36500000	0.0386213	11.48
23	600323.SH	瀚蓝环境	33800000	0.0133844	18.38123
24	002676.SZ	顺威股份	33200000	0.0282524	12.56958
25	603725.SH	天安新材	28900000	0.040989	11.985
26	002959.SZ	小熊电器	24700000	0.0169567	5.38
27	300004.SZ	南风股份	22200000	0.0507644	20.6388
28	002076.SZ	雪莱特	21500000	0.0360587	24.13643
29	688268.SH	华特气体	18600000	0.026253	18.69333
30	002295.SZ	精艺股份	18300000	0.0083205	15.03489
31	300464.SZ	星徽精密	15900000	0.0346787	16.556
32	300173.SZ	智慧松德	15900000	0.0546353	17.24664
33	002291.SZ	星期六	13600000	0.0091889	2.234888
34	002711.SZ	*ST 欧浦	13600000	0.0177205	12.89807
35	300619.SZ	金银河	13100000	0.0492888	11.27333
36	300629.SZ	新劲刚	12500000	0.0530598	12.86667
37	300417.SZ	南华仪器	10600000	0.0719803	40.854
38	300720.SZ	海川智能	9116775	0.0664115	17.705
39	002911.SZ	佛燃能源	1262386	0.0002507	18.63

（数据来源：Wind 金融终端整理所得）

可以看到，2007—2018年间平均年研发投入费用最高的前四名分别为美的集团、海信家电、海天味业、新宝股份。下面以较为典型的美的集团为案例分析佛山上市企业的科技创新能力。

美的集团就是佛山企业中的典型代表，在行业竞争越来越激烈的情况下，从2000年初美的集团就开始了并购之路，一方面是为了扩大产业链和业务范围，另一方面利用并购企业的技术资源提高科技创新能力。例如，通过收购东芝的白色家电业务，美的已经获得了超过5000个白色家电的专利；通过收购意大利Clivet，从而进入欧洲市场。为了建立全球研发中心，为企业发展不断注入新的能量，当其稳固家电市场后，开始着手战略转型，重点之一是进入机器人领域，美的在其生产工厂已引进上千台工业化机器人，提高了作业效率，降低了生产成本；2016年12月，美的完成对德国机器人领军者库卡集团的要约收购，助推其机器人行业的发展，另外也借助机器人的智能化发展，提高家电的智能化水平，引领行业潮流。美的集团对库卡的并购规模也是民营上市公司并购海外企业中最大的。其进行海外并购，主要是看中了被并方的技术资源和广阔的海外市场，通过对资源的整合利用，提高其技术实力。

（一）美的集团发展历程

表4-10　美的集团发展历程时间表

时间		事件
创业期	1968—1975年	创办塑胶生产组
	1975—1976年	生产塑胶、金属制品，转为公社企业
	1976—1978年	生产汽车配件
	1978—1980年	生产电球（发电机）

续 表

时间		事件
迅速发展	1980 年 11 月	生产出第一台金属台扇
	1981 年 3 月	申请注册“美的”商标
	1985 年	学习国外技术和管理、考察日本家电业
	1985—1990 年	进入空调行业
	1985—1992 年	引进人才
规模发展	1992—1993 年	完成股份制改造，上市成功
	1992—2001 年	开展外资合作，多元化发展
	1997—2001 年	建立现代企业制度
跨越发展	2002—2010 年	推动收购兼并
转型发展	2011—2015 年	战略转型
战略未来	2016—至今	布局未来

表 4-10 为美的集团发展历程时间表，2011 年美的开始跨越式战略转型，开始科技创新、聚焦产业、做好产品、以用户为中心，效率驱动即制造效率提升、资源效率提升、自动化信息化、去产能去库存，全球经营即全球布局、本地经营、收购兼并、自主品牌提升。

在此三大转型主轴下，着眼全球，布局未来，对于现有的产业，进一步扩大变革，增加创新工作的投入，同时拓展四项新业务：①智慧家居，强化客户体验，建立人机交互的新方式；②智能制造，推进工业现代化和信息化；③智能机器人产业，大数据平台和云计算产业；④推进现代物流产业和金融产业的发展，实现金融与实体的有机统一。2017 年，美的成功收购库卡，成为其最重要的股东，这次收购对于美的进入机器人行业具有里程碑式的意义。

（二）美的集团创新能力

随着美的加快推进其全球化战略，美的开始在创新领域加大投入，到2016年，美的已经在8个国家设立了17个研究中心，这17个研究中心主要从事技术开发和产品的本土化研究，拥有超过1万名研发人员，帮助美的获得了26 000余件专利授权，仅2015年美的专利数就有5 427件，家电行业创新能力排名全球第1；2016年美的专利申请数达到了13 546件，在其全球创新中心拥有超过4 000名研发人员，可实现千项研发项目同步推进。另外美的集团在全国率先成立的开放式创新平台是美的集团推动创新的一大举措，类似一个技术集中营，大众的智慧可以在此平台上得以施展，促进资源的整合利用。目前众创平台已拥有8 000名创新研发团队，这也为美的集团的创新发展提供了源源不断的动力，间接地促进了美的集团的创新能力的提升。

在《中国企业创新能力百强排行榜2018》中，广东美的制冷设备有限公司虽然不在前10名，排名第14位，但是在家电行业中却是排名第1位，一方面说明了我国家电行业相对于部分行业创新能力不足的问题，另一方面也说明了美的集团在我国家电行业的标杆地位。美的在行业中遥遥领先，一是其技术人才为技术创新提供了智力保障，二是美的大量的研发投入，占据销售额超过3%的研发投入让美的拥有了巨大的创新动力。

（三）美的集团技术并购库卡

一般来说，企业实现创新能力提升的路径有两条，内部创新和外部创新。内部创新即企业自主创新，外部创新包括技术并购、技术联盟等，外部创新中技术并购是提升企业创新能力比较快速有效的方式。根据企业的发展战略和技术短板并购具有技术优势的企业，实现企业提高、扩展市场、开发新产业的目的。

表 4-11 为美的集团收购库卡进程表，为加速推进“智慧家居 + 智能制造”的战略举措，进一步完善机器人产业平台布局，美的集团着手布局收购德国库卡集团。该并购交易的完成标志着美的集团正逐步向机器人及自动化领域的领军科技企业迈进，同时也是从传统家电企业向全球化科技集团转型的重要一步。

表 4-11 美的集团收购库卡进程表

时间	进程
2016 年 5 月 18 日	美的集团宣布拟通过以收购的方式收购德国库卡集团，为避免股票价格异常波动，5 月 18 日起股票停牌
2016 年 5 月 26 日	刊登相关收购公告
2016 年 5 月 27 日	国家发改委对美的集团本次收购予以确认
2016 年 6 月 15 日	德国联邦金融监管局审核通过了公司就本次收购向其提交的《要约档》
2016 年 6 月 16 日	要约期开始，公开要约收购进展提示性公告
2016 年 6 月 28 日	库卡集团监事会及执行管理委员会达成一致意见，推荐库卡集团股东接受要约收购，美的集团与库卡集团签署了约束性《投资协议》
2016 年 7 月 16 日	要约期结束，接受本次要约收购的库卡集团股份数量占库卡集团已发行股本的比例约 72.18%
2016 年 8 月 4 日	额外要约期结束，库卡集团 81.04% 的股份将被收购，加上交易前公司持有的 13.51% 的股份，将完全持有库卡集团 94.55% 的股份
2016 年 8 月 8 日	中国商务部反垄断局对涉及该次收购的经营者集中审核，并允许执行该次收购

续 表

时间	进程
2016 年 8 月 20 日	德国联邦经济事务和能源部对该项目没有异议
2016 年 8 月 27 日	通过在美国、俄罗斯、巴西、墨西哥和欧盟的反垄断审查
2016 年 10 月 13 日	通过美国外资投资委员会和国防贸易管制理事会的审查
2016 年 12 月 30 日	所有的交割条件都已得到满足
2017 年 1 月 6 日	完成股权交割，已支付全部交易价款

1. 经营情况

从表 4-12 看，美的集团并购德国库卡后，近三年收入呈现大幅增长，2016 年美的集团收入仅有 1 452 亿元，而 2017 年仅半年的收入就达到了 1 249 亿元，全年收入达 2 419 亿元，与 2016 年收入相比约增长了 66%，而 2018 年上半年的收入为 1 437 亿元，几乎相当于 2016 年全年的收入，可以看出美的集团并购库卡后收入飞速增长，不仅开拓了国外市场还促进了国内市场份额的增长。原因之一是美的集团采取有限的经营方针政策促进了国内外市场份额的增长；之二是美的集团开拓国外市场带来了收入的巨额增长，美的集团收购东芝白电业务利用其品牌优势进一步拓展海外市场，收购意大利中央空调企业 Clivet 帮助美的集团开拓了欧洲市场；更主要的原因是收购库卡带来的收入增长，使得 2017 年的海外收入同比增长了 62%。2017 年 1 月 6 日库卡股份交割完成，并入美的集团报表，增加了机器人产业链，使得美的集团的业务结构进一步完善。从图 4-13 可以看出，空调仍然是美的集团的第一大收入来源，空调收入占比不仅没有下降，还有微弱的增长，机器人及自动化系统的收入平均约占比 10%，为第三大收入来源，已成为美的集团的重要收入支柱。但是，从短期来看，暖通空调第一的位置暂时不会改变，未来，美的集团通过与库卡的战略合作，不断消化吸收库卡带来的资源，扩大机器人产业链，将会增加机器人产业的占比，也会增加其他产业的收入，实现协同效应。

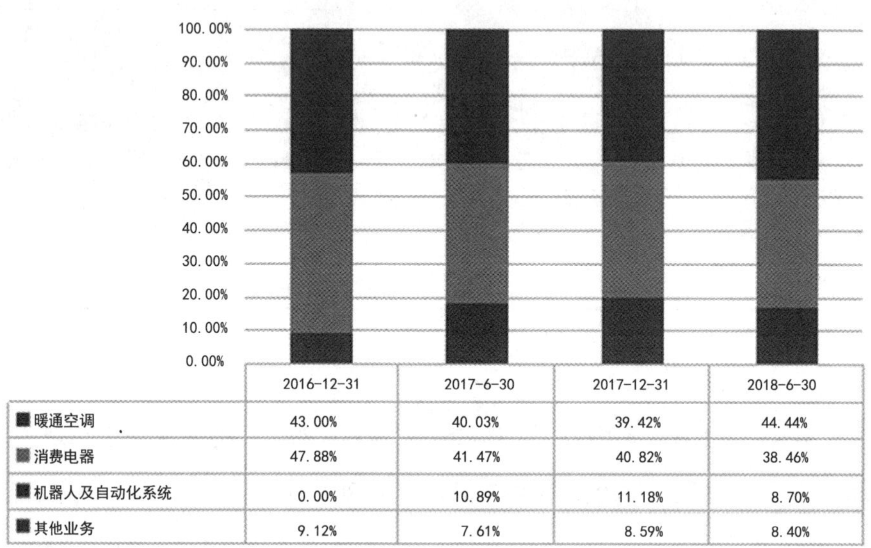

图 4-13 美的集团收入结构变化图

表 4-12 美的集团收入构成

收入项目	2016-12-31	2017-06-30	2017-12-31	2018-06-30
暖通空调	6 872 634.9	5 002 280.2	9 535 244.9	6 387 396
消费电器	7 653 988.9	5 182 714	9 874 801.8	5 527 912
机器人及自动化系统	-	1 360 626	2 703 706.2	1 250 230.1
其他业务	1 457 546.3	950 741.4	2 078 136.7	1 208 053.5
合计	14 526 623.8	12 496 361.6	24 191 889.6	14 373 591.6

企业无论采取何种经营策略，其最终目标只有一个，就是获得经济效益，美的集团也不例外。此处对于美的集团并购库卡后盈利状况的分析主要是从各产业对利润的贡献程度进行分析。由于各数据库中并未查找到按产业进行划分的净利润数值，故此处仅对各产业的毛利进行分析。从图 4-14 看出，2016 年暖通空调盈利占比 46.84%，消费电器占比 48.17%，2017 年并购库卡后，改变了这一结构，使得暖通空调盈利占比第一位，而新增加的机器人产业链发展势头良好，盈利占比不断增长，是美的集团战略部署的重要一步，也是未来美的集团重点发展的产业。另外，从表 4-13 看，美的集团盈利势头良好，并购库卡促进了美的集团利润的增长，机器人及自动化系统产业链虽然对利润的贡献较小但却是盈利增长是最快的，是未来美的集团重点发展的产业，2018 年上半年同比增长 52.69%，已成为美的集团新的盈利增长点。

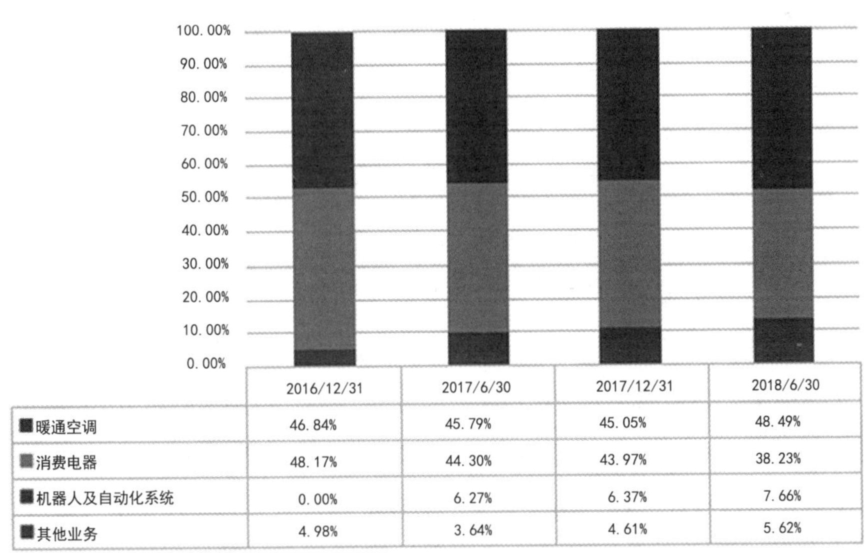

	2016/12/31	2017/6/30	2017/12/31	2018/6/30
暖通空调	46.84%	45.79%	45.05%	48.49%
消费电器	48.17%	44.30%	43.97%	38.23%
机器人及自动化系统	0.00%	6.27%	6.37%	7.66%
其他业务	4.98%	3.64%	4.61%	5.62%

图 4-14 美的集团毛利构成变动情况

表 4-13 美的集团毛利构成

收入项目	2016-12-31	2017-06-30	2017-12-31	2018-06-30
暖通空调	2 071 702.94 万元	1 461 255 万元	2 768 811.4 万元	1 932 502.2 万元
消费电器	2 130 483.32 万元	1 413 846.2 万元	2 702 529.8 万元	1 523 577.8 万元
机器人及自动化系统	-	200 048.9 万元	391 369.9 万元	305 457.3 万元
其他业务	220440.14 万元	116 103.4 万元	283 123.3 万元	223 910.5 万元
合计	4 422 626.4 万元	3 191 253.5 万元	6 145 834.4 万元	3 985 447.8 万元

2. 创新投入产出情况

对美的集团并购库卡后创新能力的变化主要从研发投入金额、技术人员数量、专利申请量着手进行分析，这也是学者们在做企业创新绩效研究中常用的三个指标。

此处研发投入指的是研发投入的金额，下文将对人员投入进行分析。研发投入占比指的是研发投入占营业收入的比重，反映企业研发投入的强度。从图 4-15 来看，自美的集团 2013 年整体上市以来，研发投入金额呈上升趋势，从 2013 年的 30 亿元上升至 2017 年的 85 亿元，增长了近 3 倍。2017 年是美的集团并购库卡后的第一年，研发投入金额增长速度和 2016 年相比有大幅提升，可见美的集团并购德国库卡促进了企业研发投入的增加，另外根据相关数据统计分析，2017 年美的集团的研发投入金额在家电行业中是最高的，比第二名的格力电器多出近 30 亿元。2017 年企业研发投入强度略有下降，说明企业收入的增长速度高于研发投入的增长速度，由 2017 年库卡集团交割完成，机器人产业的收入并入美的集团财务报表所导致。

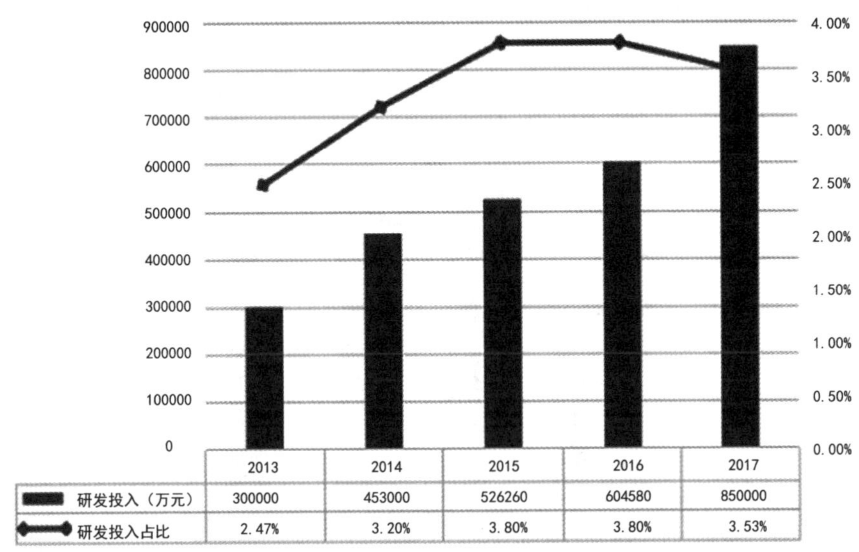

图 4-15 2013—2017 美的集团研发投入及占比情况

研发人员是技术创新的核心要素，是代表一个企业创新能力的关键指标，研发人员的数量以及质量代表着一个企业技术创新的潜力，拥有大量高质量研发人员的企业在核心技术的研发上占有先天优势。此处统计的研发人员数量及员工数量不包括库卡的全球员工。对于美的集团并购库卡后研发人员的变化，从图 4-16 可以看出，美的集团近五年的研发人员数量呈增长趋势，2013 年研发人员数量仅有 6258 人，研发人员占比也仅有 5.74%，2017 年集团研发时人员数量达 10 520 人，占比 10.33%，比 2013 年增长了 68.10%。从近三年的变化来看，并购库卡前一年的研发人员数量仅增长了 69 人，并购后第一年研发人员增加了 1779 人，相比 2016 年增幅较大。可能是发生并购的当年，美的集团进行公司组织结构调整，导致部分人才流失，再加上对于并购成功与否以及并购库卡后美的集团的未来发展部分人持观望态度，导致技术人员增长较慢，并购后第一年美的集团增加了产业链，对于并购进来的资源进行有效整合，收入快速增长，盈利势头良好，吸引了大量的技术人员加入美的集团。

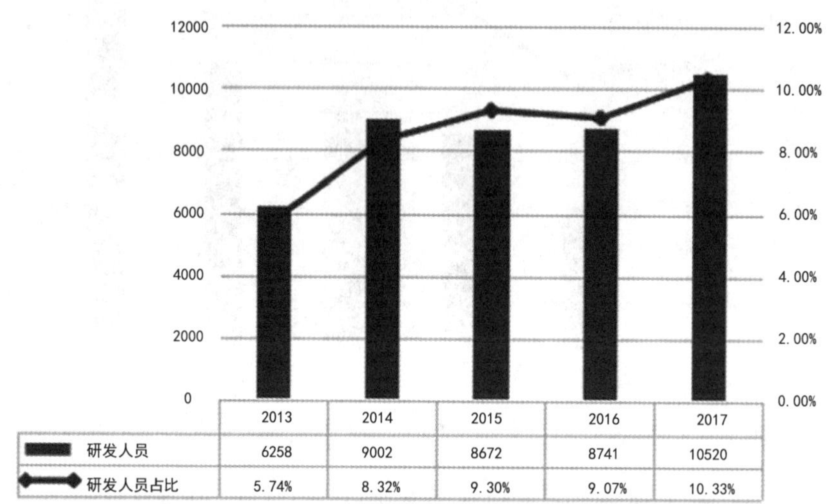

	2013	2014	2015	2016	2017
研发人员	6258	9002	8672	8741	10520
研发人员占比	5.74%	8.32%	9.30%	9.07%	10.33%

图 4-16 2013—2017 美的集团研发人员及占比情况

从表 4-14 可以看出，并购前和并购后相比即 2015 年至 2017 年，美的集团的专利申请数量呈持续增长状态，从 2015 年的 10427 件增长到了 2017 年的 15 112 件，各专利类型数量除外观设计外都呈增长状态。根据图 4-17 可以看出，实用新型专利占比和外观设计占比逐年减少，发明专利占比逐年增多，以 2017 年增长最大，说明并购库卡促进了美的集团专利品质的提高和研发能力的提高。因为发明专利是三种专利中最主要的一种，也是申请难度最大、质量最高的，并且发明专利的数量是最能体现一个企业技术创新能力的指标。美的集团发明专利数量及占比逐年提高，说明其技术创新能力逐年提升。而在 2015—2017 年这三年中，在 2017 年美的集团发明专利数量及占比和 2016 年相比有显著的增长，说明并购库卡带来了美的集团技术创新能力的提高。

表 4-14 2013—2017 美的集团专利数量表

年份	发明专利	实用新型	外观设计	合计数
2013	1 682	2 834	982	5 498
2014	2 629	3 717	1 175	7 521
2015	4 129	5 132	1 166	10 427
2016	5 435	6 109	1 517	13 061
2017	6 837	6 886	1 389	15 112

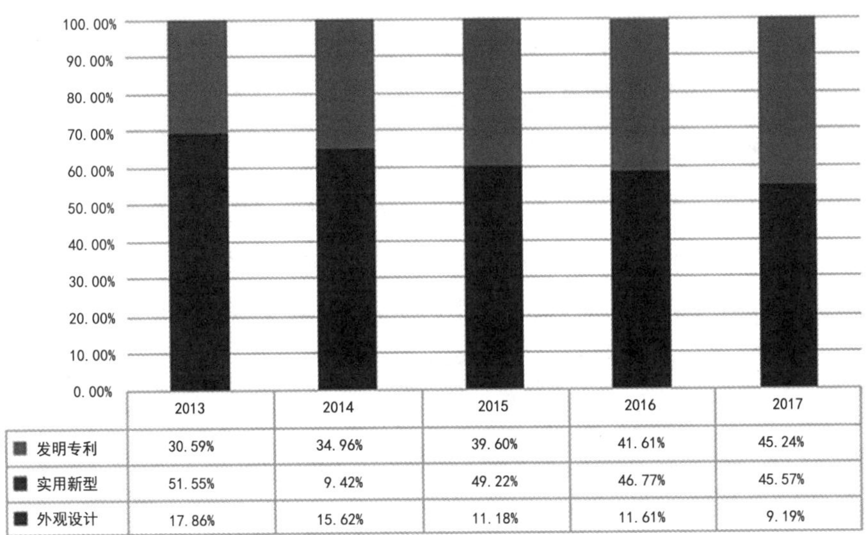

图 4-17 2013—2017 美的集团专利结构变化情况

第五章 佛山新三板及境外上市公司研究

一、佛山新三板上市公司概况

新三板，学名为全国中小企业股份转让系统，起源于2001年“股权代办转让系统”，主要的功能是承接STAQ，NET系统历史遗留的公司和从A股退市的公司，也被称为“老三板”。2006年，中关村科技园区非上市股份公司代办股份报价转让系统正式推出，称为“新三板”。截至2010年年底，全国新三板共有75家挂牌公司。2012年，经国务院批准，决定扩大非上市股份公司股份转让试点，首批扩大试点新增上海张江高新技术产业开发区、武汉东湖新技术产业开发区和天津滨海高新区（李丹霞，2016）。2013年的1月16日，全国中小企业股份转让系统有限责任公司正式揭牌运营，当年年底，新三板面向全国接收企业挂牌申请。截至2020年2月29日，全国新三板共有挂牌公司8 895家，根据Wind金融终端的数据，如表5.1.1所示，新三板企业参考总市值共计24 382.5792亿元，其中，佛山市共计88家新三板挂牌公司，参考总市值为158.1976亿元。

表5-1 佛山市新三板挂牌企业一览表

（截至2020年2月29日）

证券代码	证券简称	参考总市值（亿元）
830781.OC	精鹰传媒	0.5387

续 表

证券代码	证券简称	参考总市值（亿元）
830841.OC	长牛股份	1.8185
830842.OC	长天思源	2.1994
830949.OC	中窑股份	0.9906
831025.OC	万兴隆	4.8164
831171.OC	海纳川	0.8576
831197.OC	雅洁源	0.8994
831433.OC	川东磁电	0.7639
831640.OC	碧沃丰	4.7822
831650.OC	盛华德	1.9658
831745.OC	考迈托	0.2778
831958.OC	健博通	3.0443
831992.OC	嘉得力	0.2120
832014.OC	绿之彩	1.7919
832173.OC	凯林科技	0.6500
832176.OC	三扬股份	1.2640
832495.OC	精铟海工	5.0834
832546.OC	方德博纳	7.7068
832750.OC	合璟环保	0.0301
833136.OC	世创科技	1.0917
833165.OC	智科股份	2.1382
833202.OC	佳科股份	0.1654
833279.OC	三求光固	0.9000

续 表

证券代码	证券简称	参考总市值（亿元）
833441.OC	斯派力	1.9374
833524.OC	光晟物联	2.6372
833839.OC	天波信息	2.3862
833886.OC	万达业	0.0722
833927.OC	宁宇科技	0.2020
834726.OC	公信会议	1.0006
834760.OC	华凯科技	1.1320
834914.OC	峰华卓立	1.0917
835553.OC	瑞兴医药	1.7388
835751.OC	华天成	0.5012
836134.OC	京华新材	3.2024
836608.OC	帝通新材	1.2328
836774.OC	科立工业	1.2699
836807.OC	奔朗新材	4.3557
837035.OC	宏干科技	2.5534
837042.OC	赛诺科技	0.9440
837313.OC	欣涛科技	0.2160
837455.OC	邦盛北斗	0.3850
837887.OC	九曲生科	0.1950
838020.OC	科德科技	2.8243
838026.OC	沃顿装备	0.7500
838033.OC	佳邦信息	1.8230

续 表

证券代码	证券简称	参考总市值（亿元）
838096.OC	锦美股份	0.0550
838213.OC	金万达	0.2850
838263.OC	盈通黑金	6.5250
838512.OC	成德科技	2.0190
838925.OC	玉玄宫	1.1016
838961.OC	吉邦士	0.5352
839146.OC	盈博莱	3.4231
839229.OC	欣源股份	2.8200
839449.OC	华电建设	0.9000
839749.OC	炬申物流	13.5278
839920.OC	联佳股份	0.0500
839955.OC	美的物业	25.3133
870073.OC	力美照明	0.1000
870191.OC	丰高科印	1.0745
870668.OC	健怡果	2.8003
870814.OC	便捷神	1.6135
870911.OC	何氏协力	2.6928
871097.OC	三合股份	0.3530
871148.OC	艾科技术	0.5590
871365.OC	北创光电	0.2380
871579.OC	奥博信息	0.2585
871599.OC	蓝海豚	0.8400

续 表

证券代码	证券简称	参考总市值（亿元）
871695.OC	乐善智能	0.5499
871834.OC	乐美智家	0.2267
871908.OC	麦澳医疗	0.1398
871932.OC	数安时代	1.8018
872117.OC	康荣高科	1.2712
872150.OC	光腾新能	0.4446
872267.OC	金发股份	1.6000
872302.OC	和邦盛世	4.0200
872693.OC	影众传媒	0.2876
872727.OC	天雄新材	0.4000
872965.OC	江顺新材	0.3200
873001.OC	纬达光电	1.9662
873029.OC	广联检测	0.1300
873183.OC	顺康生物	0.3200
873230.OC	昌宝科技	0.1380
873266.OC	东方一哥	0.1500
873270.OC	创兴精密	0.2200
873290.OC	华之鹏	0.4732
873308.OC	新翔星	0.1000
873370.OC	瑞有科技	0.1001
873405.OC	合捷电器	0.0150
830781.OC	精鹰传媒	0.5387

二、佛山新三板上市公司盈利能力分析

（一）佛山新三板上市公司盈利概况

为了考察了解佛山新三板上市公司的盈利情况，本小节选取 2018 佛山新三板上市公司作为样本，用总资产收益率 ROA、净资产收益率 ROE、每股盈余 EPS 及市盈率 PE 四个指标来衡量佛山新三板上市公司的盈利能力。四个指标的具体含义如下：

ROA：总资产收益率（Return on Asset），资产收益率是企业净利率与平均资产总额的百分比。资产收益率计算公式为：资产收益率 =（净利润 / 平均资产总额）×100%，平均资产总额 =（期初资产总额 + 期末资产总额）/2。

ROE：净资产收益率（Return on Equity），净资产收益率是衡量上市公司盈利能力最直接最有效的指标。这一指标反映了股东权益的收益水平，是一个综合性最强的财务比率。这里净资产收益率计算过程中的利润部分采用净利润，是一定时期内的净利润同所有者权益 Equity 的比率。

EPS：每股收益（Earnings per share），本指标是指本期营业利润与本期发行在外的普通股总数的比值。它是测定股票投资价值的重要指标之一。该比率反映了每股创造的营业利润，比率越高，表明所创造的营业利润越多。其计算公式为：每股收益（摊薄营业利润）= 营业利润 / 期末总股本。

PE：市盈率（Price Earnings Ratio），市盈率是指股票价格除以每股收益 (每股收益 EPS) 的比率。通常用来评价一只股票是否被高估或者低估。一般认为，如果一家公司股票的市盈率过高，就意味着该股票的价值被高估，泡沫经济含量较高。

佛山新三板上市公司经营绩效情况如下，选取 2018 年佛山新三板上市公司作为样本数据，为保证数据完整性，剔除了总资产收益率（ROA）、净资产收益率（ROE）、每股盈余（EPS）及市价盈利比率（PE）数据缺失的

样本。剩下的样本经营绩效排名如下。

表 5-2 2018 佛山新三板上市公司经营绩效排名

公司代码	公司名称	ROA（%）	ROE（%）	EPS（元）	PE（倍）
838925.OC	玉玄宫	26.1515	27.2315	1	17.8452
839955.OC	美的物业	25.3506	61.2318	1.71	12.7925
837042.OC	赛诺科技	13.197	26.2032	0.4031	13.2797
833165.OC	智科股份	11.6867	19.2425	0.23	20.568
833279.OC	三求光固	11.6245	14.4895	0.24	5.6513
830781.OC	精鹰传媒	11.4921	14.4826	0.26	42.2091
839449.OC	华电建设	10.9717	18.445	0.34	8.8088
831992.OC	嘉得力	9.8952	18.3708	0.5063	3.528
838033.OC	佳邦信息	8.9605	14.8319	0.412	11.7731
831433.OC	川东磁电	8.3642	11.1738	0.23	30.9551
831640.OC	碧沃丰	8.0949	9.27	0.111	56.138
838020.OC	科德科技	8.0174	9.9588	0.23	23.9536
832173.OC	凯林科技	7.9656	10.4463	0.2061	19.1006
832546.OC	方德博纳	6.1676	5.3326	0.0594	116.0925
831650.OC	盛华德	6.09	21.5873	0.04	-15.5918
832495.OC	精铟海工	5.3207	-1.536	-0.05	90.4217
871148.OC	艾科技术	5.2214	6.2796	0.08	36.3722
839229.OC	欣源股份	5.0693	15.8965	0.77	43.7427
833839.OC	天波信息	4.9709	9.076	0.3493	14.0286
834760.OC	华凯科技	4.8594	4.8381	0.09	30.2438
832014.OC	绿之彩	4.4778	9.4636	0.15	16.7255
834726.OC	公信会议	4.0356	5.7808	0.08	-63.9864
870814.OC	便捷神	2.9375	1.3894	0.0456	50.3
831197.OC	雅洁源	2.2687	1.549	0.01	327.4054
871695.OC	乐善智能	2.0247	3.2624	0.05	20.8848
830949.OC	中窑股份	1.9644	1.7346	0.05	13.5698
832176.OC	三扬股份	1.9214	1.5544	0.029	16.268
831025.OC	万兴隆	1.3281	-1.8956	-0.0313	14.8775
871932.OC	数安时代	0.8084	1.6015	0.03	-135.3859
834914.OC	峰华卓立	0.7997	-6.5608	-0.09	-2.2724
836134.OC	京华新材	-0.8558	-3.4555	-0.04	49.5762

续 表

公司代码	公司名称	ROA（%）	ROE（%）	EPS（元）	PE（倍）
870911.OC	何氏协力	-0.9148	-2.6085	-0.03	-50.0345
公司代码	公司名称	roa（%）	roe（%）	eps（元）	pe（倍）
831171.OC	海纳川	-2.6123	-4.275	-0.16	-121.1918
831958.OC	健博通	-3.5678	-2.5663	-0.07	29.5056
839146.OC	盈博莱	-4.1246	-6.5384	-0.13	59.7814
831745.OC	考迈托	-7.5846	-12.1348	-0.1024	-56.3681
833441.OC	斯派力	-8.6608	-13.9348	-0.2533	-26.7906
832750.OC	合璟环保	-8.8304	-196.5153	-0.35	-2.1921
833886.OC	万达业	-9.0337	-39.3875	-0.44	31.0353
838263.OC	盈通黑金	-9.2461	-16.8049	-0.1588	-160.3351
830841.OC	长牛股份	-12.4418	-17.049	-0.2158	-45.0434
837035.OC	宏干科技	-19.3645	-21.6812	-0.16	224.0611
838961.OC	吉邦士	-25.0968	-173.6262	-0.71	-6.169
836608.OC	帝通新材	-33.5162	-52.7871	-0.48	-43.9098
871834.OC	乐美智家	-36.6033	-67.9936	-0.48	-2.9647
837455.OC	邦盛北斗	-43.061	-113.0137	-0.72	-4.9697
833524.OC	光晟物联	-57.4783	-63.0389	-0.74	-13.9757

（数据来源：Wind 数据整理所得）

由表 5-2 可以看到，2018 年总资产收益率排名最高的是玉玄宫，为 26.15%，排名最低的是光晟物联，为 -57.48%；净资产收益率排名最高的是美的物业，为 61.23%，排名最低的是合璟环保，为 -196.52%；每股盈余排名最高的是美的物业，为 1.71 元，排名最低的是光晟物联，为 -0.74；市价盈利比率排名最高的是雅洁源，为 327.41 倍，排名最低的是盈通黑金，为 -160.34 倍。综合看来，经营绩效较好的是美的物业。美的物业于 2000 年建立，从 2016 年 2 月开始准备上市，到 2016 年 12 月在新三板成功上市。美的置业是一家具有专业能力的物业管理公司。美的物业的主要业务是通过对接房地产项目，为其提供物业管理和前期房地产销售的配合服务，并为社区提供其他增值的物业管理服务。

（二）佛山新三板上市公司各区盈利能力对比

下表 5-3 是 2015—2018 年佛山市下属各市辖区新三板上市公司经营绩效均值对比，为保证数据完整性，剔除了总资产收益率（ROA）、净资产收益率（ROE）、每股盈余（EPS）及市价盈利比率（PE）数据缺失的样本。

表 5-3 2015—2018 佛山市各市辖区新三板上市公司经营绩效均值对比

时间	市辖区	平均值项 :ROA	平均值项 :ROE	平均值项 :EPS	平均值项 :PE
2015	禅城区	11.233	13.183	0.235	56.323
	高明区	9.316	10.284	0.235	45.265
	南海区	6.037	3.224	0.060	37.777
	三水区	-2.912	-16.887	-0.140	319.014
	顺德区	-0.645	-13.620	-0.158	-671.475
2016	禅城区	10.255	17.104	0.370	23.442
	高明区	8.890	9.711	0.264	65.347
	南海区	4.212	4.914	0.130	26.194
	三水区	-3.719	-20.561	-0.140	-51.202
	顺德区	5.673	5.460	0.070	37.534
2017	禅城区	9.260	3.638	0.267	-6.152
	高明区	4.018	2.969	0.113	2.110
	南海区	4.235	3.953	0.107	162.751
	三水区	-12.094	-60.829	-0.220	-13.094
	顺德区	8.978	10.939	0.334	3.554
2018	禅城区	8.344	-19.446	0.247	17.716
	高明区	-0.956	-2.411	-0.053	-41.765
	南海区	1.499	0.523	0.076	42.023
	三水区	5.475	13.213	0.065	7.326
	顺德区	-9.875	-25.550	-0.041	-6.269

（数据来源：Wind 数据整理所得）

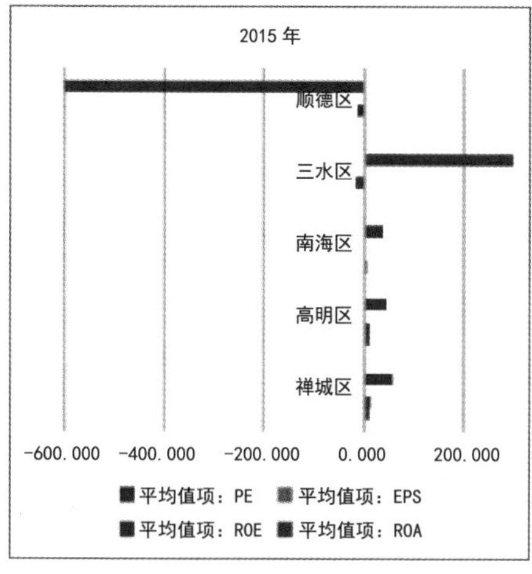

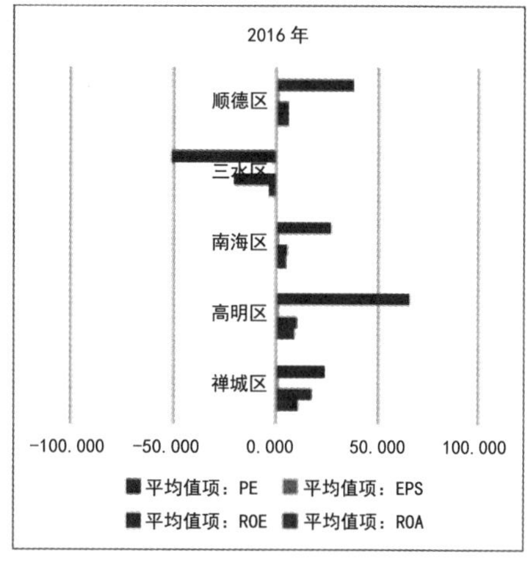

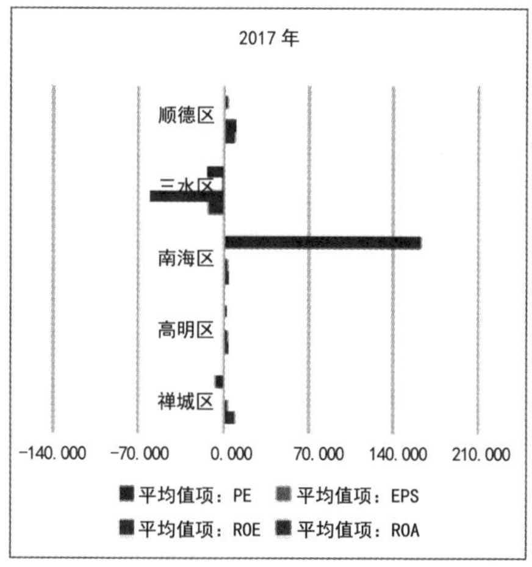

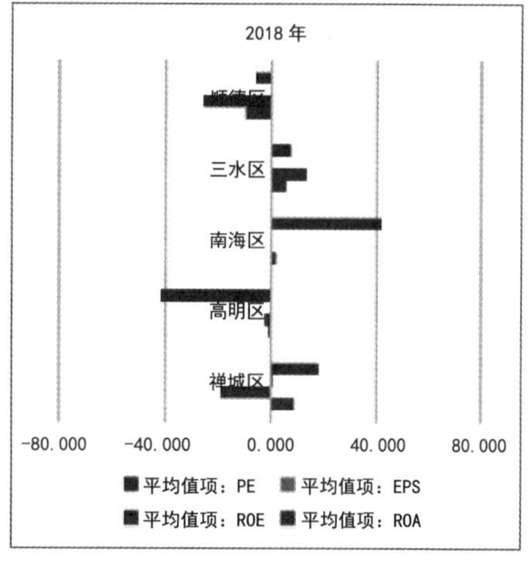

图 5-1 2015—2018 佛山市各市辖区新三板上市公司经营绩效均值对比图

由图 5-1 佛山市各市辖区新三板上市公司经营绩效均值对比情况可以看到，2015 年新三板上市公司总资产收益率均值、净资产收益率均值、每股盈余均值最高的市辖区均为禅城区，市价盈利比率均值最高的市辖区为三水区；2016 年新三板上市公司总资产收益率均值、净资产收益率均值、每股盈余均值最高的市辖区为禅城区，市价盈利比率均值最高的市辖区为高明区；2017 年新三板上市公司总资产收益率均值最高的为禅城区，净资产收益率均值、每股盈余均值最高的均为顺德区，市价盈利比率均值最高的市辖区为南海区；2018 年新三板上市公司总资产收益率均值最高的为禅城区，净资产收益率均值最高的为三水区，每股盈余均值最高的为禅城区，市价盈利比率均值最高的市辖区为南海区。由此看来，近几年新三板上市公司经营绩效较好的是禅城区。

作为佛山中心城区，近年来在政府的大力推动下，禅城企业迎来了新一轮上市潮，其中又以挂牌新三板最为活跃。相对于登陆主板，挂牌新三板的企业虽然规模较小，但仍然是各自领域的杰出代表。通过梳理和分析禅城的新三板“军团”可以发现，挂牌企业大致可分成信息技术、可选消费、工业、材料等几种主要类型。作为中心城区，近年来随着城市化的推进，为了适应城市发展需要，禅城区大力推动传统产业转型升级，在这个过程中，依托于传统产业的转型衍生出一批生产性服务业，成为禅城产业结构调整中的一股重要力量。近年来为了顺应信息化时代的到来，结合自身的产业特点，禅城区大力培育和引进信息服务产业。根据统计，截至 2017 年 3 月底，禅城区共有 4 000 多家信息化企业，发展势头良好，信息技术产业已经成为禅城新的支柱产业，并涌现出一批高成长企业，这种趋势同样在新三板挂牌企业中得到体现。

（三）佛山新三板上市公司盈利能力实证分析

本小节从内外两个方面选取上市公司盈利能力影响因素，外部影响因素主要包含宏观经济因素；内部影响因素主要包含资产规模、经营效率、收入结构等方面指标。随后对选取的影响指标数据，用 STATA16 进行面板数据回归分析。选取 Wind 数据库显示的截至 2018 年 12 月 31 日的佛山新三板上市公司。变量选取遵循真实、可获得原则，同时剔除相关数据缺失的样本。筛选后的非平衡面板数据样本分布如下表 5-4、表 5-5、表 5-6 所示：

表 5-4 佛山新三板上市公司分布

年份	2014	2015	2016	2017	2018	合计
公司数量	7	30	56	71	71	235

（数据来源：Wind 数据整理所得）

1. 变量选取

表 5-5 变量说明表

<table>
<tr><th>变量类型</th><th>变量名称</th><th>变量代码</th><th>具体定义及计算方式</th></tr>
<tr><td rowspan="2">被解释变量</td><td>总资产收益率</td><td>ROA</td><td>固定年净收入 / 总资产</td></tr>
<tr><td>净资产收益率</td><td>ROE</td><td>固定年净收入 / 平均股东权益</td></tr>
<tr><td rowspan="2">宏观解释变量</td><td>GDP 增长率</td><td>GDP</td><td>GDP 增长 / 上期 GDP 总额</td></tr>
<tr><td>通货膨胀率</td><td>INFLATION</td><td>CPI 增长额 / 上期的 CPI</td></tr>
<tr><td rowspan="5">微观解释变量</td><td>总市值</td><td>LNMARKVALUE</td><td>每年公司总市值的自然对数</td></tr>
<tr><td>税收</td><td>LNTAX</td><td>应交税费合计 - 税费返还（结果取对数）</td></tr>
<tr><td>公司规模</td><td>LNASSET</td><td>每年公司账面资产价值的自然对数</td></tr>
<tr><td>资产负债率</td><td>ALR</td><td>负债总额 / 资产总额</td></tr>
<tr><td>成本收入比</td><td>CIR</td><td>管理费用 / 总营业收入</td></tr>
</table>

表 5-6 变量描述性统计

变量	样本数量	均值	标准差	最小值	最大值
ROA（总资产收益率）	235	4.787	12.550	-57.478	31.647
ROE（净资产收益率）	235	3.872	30.104	-196.515	81.344
GDP（GDP 增长率）	235	7.430	1.280	5.718	8.905
INFLATION（通货膨胀率）	235	1.999	0.219	1.600	2.300
LNMARKVALUE（总市值）	123	18.872	1.196	15.609	20.754
LNTAX（税收）	231	14.327	1.847	5.127	17.780
LNASSET（公司规模）	235	18.282	0.977	15.663	20.698
ALR（资产负债率）	235	44.256	19.946	0.681	99.919
CIR（成本收入比）	235	7.111	105.530	0.008	1617.962

2. 模型设计

根据变量的选取结果，模型设计如下：

$$ROA_{i,t}=\hat{a}_0+\hat{a}_1GDP_{i,t}+\hat{a}_2INFLATION_{i,t}+\hat{a}_3LNMARKVALUE_{i,t}+\hat{a}_4TAX_{i,t}+\hat{a}_5LNASSET_{i,t}+\hat{a}_6ALR_{i,t}+\hat{a}_7CIR_{i,t}+\grave{I}_{i,t}$$

$$ROE_{i,t}=\beta_8+\beta_9GDP_{i,t}+\beta_{10}INFLATION_{i,t}+\beta_{11}LNMARKVALUE_{i,t}+\beta_{12}TAX_{i,t}+\beta_{13}LNASSET_{i,t}+\beta_{14}ALR_{i,t}+\beta_{15}CIR_{i,t}+\varepsilon_{i,t}$$

其中，β_0，β_8 为常数项，i 表示样本中每一个企业，t 表示年份，β_i 为指标的回归系数，μ，ε 为模型的误差项。

3. 实证结果及分析

（1）变量相关性分析

由皮尔逊（Pearson）相关系数分析可以得到变量间最基本的相关关系。由下表 5-7 可以看出，与绩效变量 ROA，ROE 显著正相关的有 GDP 增长率（GDP），总市值（LNMARKVALUE），税收（LNTAX），公司规模（LNASSET），与绩效变量 ROE 显著负相关的有资产负债率（ALR），成本收入比（CIR）。因此，下面使用回归模型进一步检验这些变量与新三板企业盈利能力之间的关系。

表 5-7 变量的皮尔逊（Pearson）相关系数

变量名	ROA（资产收益率）	ROE（净资产收益率）	GDP（GDP 增长率）	INFLATION（通货膨胀率）	LNMARKVALUE（总市值）	LNTAX（税收）	LNASSET（公司规模）	ALR（资产负债率）	CIR（成本收入比）
ROA（资产收益率）	1	-	-	-	-	-	-	-	-
ROE（净资产收益率）	0.803***	1	-	-	-	-	-	-	-
GDP（GDP 增长率）	0.136**	0.119*	1	-	-	-	-	-	-
INFLATION（通货膨胀率）	0.074	0.07	-0.123*	1	-	-	-	-	-
LNMARKVALUE（总市值）	0.159*	0.301***	0.029	0.001	1	-	-	-	-
LNTAX（税收）	0.448***	0.353***	0.051	0.051	0.346***	1	-	-	-
LNASSET（公司规模）	0.178***	0.240***	-0.047	-0.028	0.601***	0.545***	1	-	-
ALR（资产负债率）	-0.078	-0.195***	-0.008	-0.003	-0.274***	0.191***	0.206***	1	-
CIR（成本收入比）	-0.073	-0.437***	-0.087	0	-0.248***	0.021	-0.091	0.182***	1

注：*、**、*** 分别表示在 10%、5% 以及 1% 的统计水平上显著。

（2）回归分析

①对 ROA 的回归。

综合 F 检验与 LM 检验结果可得，混合效应模型、随机效应模型、固定效应模型中应选择固定效应模型。

根据数据回归结果，解释变量对被解释变量总资产收益率（ROA）的影响如下表 5–8 所示：

外部宏观指标：GDP 增长率（GDP）与总资产收益率（ROA）在 5% 水平下显著正相关，通货膨胀率（INFLATION）与总资产收益率（ROA）不显著相关。

内部微观指标：资产负债率（ALR）与总资产收益率（ROA）在 5% 水平下显著正相关，总市值（LNMARKVALUE），税收（LNTAX），公司规模（LNASSET），成本收入比（CIR）与总资产收益率（ROA）不显著相关。

表 5–8 回归结果

变量名	变量代码	被解释变量：ROA		
		系数	T 值	P 值
GDP 增长率	GDP	1.468**	2.020	0.047
通货膨胀率	INFLATION	0.592	0.120	0.901
总市值	LNMARKVALUE	2.060	0.760	0.448
税收	LNTAX	1.675	1.210	0.231
公司规模	LNASSET	5.932	0.850	0.397
资产负债率	ALR	-0.251**	-2.140	0.036
成本收入比	CIR	0.003	0.340	0.735

注：*、**、*** 分别表示在 10%、5% 以及 1% 的统计水平上显著。

②对 ROE 的回归。

综合 F 检验与 LM 检验结果可得，应选择固定效应模型。

根据表 5-9 回归结果，解释变量对被解释变量总资产收益率（ROE）的影响如下：

外部宏观指标：GDP 增长率（GDP）、通货膨胀率（INFLATION）与净资产收益率（ROE）不显著相关。

内部微观指标：公司规模（LNASSET）与净资产收益率（ROE）在 10% 水平下显著正相关，资产负债率（ALR），成本收入比（CIR）与净资产收益率（ROE）在 5% 水平下显著负相关，总市值（LNMARKVALUE），税收（LNTAX）与净资产收益率（ROE）不显著相关。

表 5-9 回归结果

变量名	变量代码	被解释变量：ROE		
		系数	T 值	P 值
GDP 增长率	GDP	2.657	1.610	0.111
通货膨胀率	INFLATION	4.118	0.380	0.703
总市值	LNMARKVALUE	-6.940	-1.130	0.262
税收	LNTAX	3.814	1.210	0.229
公司规模	LNASSET	26.508*	1.680	0.098
资产负债率	ALR	-0.686**	-2.570	0.012
成本收入比	CIR	-0.077***	-4.020	0.000

注：*、**、*** 分别表示在 10%、5% 以及 1% 的统计水平上显著。

③回归结果分析。

通过分析，得出的主要结论如下。

宏观指标方面：

GDP 增长率与总资产收益率（ROA）在 5% 水平上显著正相关，说明佛山市地区生产总值的增长可以促进新三板上市公司的盈利水平提高。

通货膨胀率 INFLATION 与新三板上市公司相关性比较小，说明新三板上市公司同 A 股上市公司一样，盈利能力受到通货膨胀的影响较小。广义货币供应量的增加一定程度上可能引发通货膨胀，降低银行实际存款利率，从而影响企业的存款规模。

微观指标方面：

公司规模（LNASSET）与净资产收益率（ROE）在 10% 的置信水平下显著正相关。说明新三板上市公司随着资产规模的扩大，有足够的资金调整业务结构、降低运营成本，从而提高企业盈利。另外，新三板上市公司拥有足够的资金后，可以分散精力处理主营业务以外的业务，业务趋于多元化，企业的经营风险也会降低，资金利用率会提升，资产收益率也会随之上升。

资产负债率（ALR）与总资产收益率（ROA）在 5% 的水平上有显著的负相关联系，与净资产收益率（ROE）在 5% 的水平上显著负相关，表明负债数量越高，盈利越差。实证的结果表明，新三板上市企业目前的资源和负债规模可能已经超过了理想的负债规模，如果企业的负债规模继续扩大，企业的盈利可能会持续下降。

成本收入比（CIR）与净资产收益率（ROE）在 1% 的置信水平下显著负相关，系数为 -0.077，表示当企业成本收入比每增加一个单位时，净资产收益率会减少 0.077 个单位。

（四）新三板优质企业——美的物业

由前面的分析可知，新三板企业美的物业的经营绩效在净资产收益率和每股盈余方面表现优异，故下面以美的物业为典型案例分析佛山新三板企业。

1. 公司简介

美的物业于2000年建立，从2016年2月开始准备上市，到2016年12月在新三板成功上市。美的物业的主要业务是通过对接房地产项目，为其提供物业管理和前期房地产销售的配合服务，并为社区提供其他增值的物业管理服务。图5-2为美的物业前十大股东具体持股情况。

前十大股东累计持有：5035.15万股，累计占总股本比：98.34%

机构或基金名称	持有数量（股）	持股变化（股）	占总股本比例	实际增减持	股份类型	持股详情
美的置业集团有限公司	4 193.40万	不变	81.90%	不变	三板流通A股	点击查看
宁波美悦嘉投资管理合伙企业（有限合伙）	720.00万	不变	14.06%	不变	三板流通A股	点击查看
綦海生	61.00万	↓3.00万	1.19%	↓-4.69%	自然人持股 三板流通A股	点击查看
朱春晨	15.00万	↓5.00万	0.29%	↓-25.00%	自然人持股	点击查看
李洪波	12.70万	↑3.20万	0.25%	↑33.68%	三板流通A股	点击查看
唐成林	7.50万	↑2.50万	0.15%	不变	自然人持股	点击查看
马超群	6.75万	↑1.35万	0.13%	不变	自然人持股	点击查看
查 俊	6.50万	↑2.50万	0.13%	不变	自然人持股 三板流通A股	点击查看
朱秀伟	6.30万	新进	0.12%	新进	三板流通A股	点击查看
鲁俊三	6.00万	↑2.00万	0.12%	不变	三板流通A股	点击查看

图5-2 美的物业前十大股东

2. 核心业务

公司的主要业务是通过对接房地产项目，为其提供物业管理和前期房地产销售的配合服务，并为社区提供其他增值的物业管理服务，如表 5-10 所示。

线下服务：物业管理——提供的物业管理服务包括日常的物业管理，以及在开始阶段与房地产合作销售的支持性服务和增值物业管理。

表 5-10 美的物业增值服务

物业增值服务	
服务类别	**主要内容**
商务秘书	档复印、档打印、档扫描、收发传真、代寄发邮件等
社区家政	装饰开荒、日常室内清洁、地板打蜡、地毯清洗、沙发去污清洗、窗帘清洗、大理石镜面保养、玻璃清洁等
室内维修	更换灯泡，安装镇流器，更换面板，水龙头安装更换修理、更换金属软管，更换门把手，更换窗户锁扣，马桶、地漏、洗手台疏通等
家电安装维修保养	家电销售：热水器安装、拆除，空调安装、拆除、移位、维修，抽油烟机安装、拆除、清洗等
资产管理服务	代办房屋租赁业务、尾盘协助销售服务等
智能化工程	智能化工程施工与维护，智慧家居服务

线上服务：美的物业创新的生活管理平台已经启动，通过技术和创新的不断发展，专注于社区物业服务的质量和效率，并不断推进社区管理整个过程的互联化、信息化和数据化。

3. 财务概况

表 5-11 2015—2018 年美的物业财务情况

年份	2015 年报	2016 年报	2017 年报	2018 年报
营业总收入	1.81 亿	2.73 亿	4.47 亿	6.48 亿
营业总收入同比增长率	58.19%	50.40%	63.84%	45.14%
归属母公司股东的净利润	869.55 万	2 768.50 万	5 602.72 万	8 762.61 万
归属母公司净利润同比增长率	1810.14%	218.38%	102.37%	56.40%
销售毛利率（%）	18.44%	20.90%	20.23%	20.09%
应收票据及应收账款	2 597.90 万	5 013.67 万	8 604.55 万	6 398.72 万
净资产收益率	-54.50%	79.93%	70.66%	61.36%
经营活动产生的现金流量净额	4 446.40 万	6 741.23 万	5 771.53 万	1.71 亿

据表 5-11 即 2015—2018 为美的物业财务情况表显示，公司的快速发展主要是由于：(1) 收入的增加，通过开发新的项目和移动推进项目交付，管理区域扩大导致收入增加；(2) 增值服务业绩的提升，如物业租售代理、社区服务和智能化工程等。公司规模管理的影响已经显现，带来的利润发展速度高于收入发展速度。随着管理规模的扩大，公司管理的规模化影响变得明显，减少了固定的管理成本。

4. 公司核心竞争力

（1）在美的系投资者的支持下，这种纽带关系带来了便利。美的置业是美的物业的最大股东，这为其提供了获得房地产项目的良好环境。随着其在佛山和更多的二、三级城市地区的新发展，美的物业有足够的项目和土地支持，这使美的物业有能力随着项目的完成而扩大其管理规模。

（2）依靠智慧家居来构建优势。智慧家居属于智能家的理念，利用美的集团的力量，将美的家居硬件引入到附近的智慧家居场景中，将美的尖端制造应用于整个房地产产业中，完成场景的互联，室内智慧家居与智慧安防的互联，业主、云端平台与物业的互联，给客户一个真正智慧的生活环境。

三、佛山新三板上市公司的公司治理

（一）新三板和主板的差别

1. 市场准入方面的差别

主板与创业板对准入的要求都比较高，所以在主板挂牌的公司通常是大型国企、大蓝筹，整体综合能力也比较强，并且在创业板挂牌时有相应的业务特点，处于新兴产业、创新高科技领域的公司多数都会选择在创业板挂牌；而创业板则有相应的业务成长特点。在挂牌之前每一年都需要保持持续增长，但如果上升速度较慢或业务波动性很大时，也会被视为成长性上出现瑕疵。与主板和创业板的备案登记条件比较见下表 5-12，由于新三板的准入条件比较宽泛，中小企业公司在不能满足主板和创业板的备案登记条件时，公司很可能会选择考虑在新三板上市，但是由于新三板公司中大多以民营的小微公司居多，所以企业综合质量也和上市企业有着不小的差异，但当中也不乏部分业内领军者。

表 5-12 市场准入要求

要求	主板、中小板	创业板	新三板
股票要求	股票经中国证监会核准已公开发行	股票已公开发行依法设立且存续满两年	有限责任公司按原账面净资产值折股整体转变为股份公司的，继续使用时期只能自受限负责公司设立之日起算
股本要求	公司股本总额不少于人民币 5 000 万元	公司股本总额不少于 3 000 万元	业务明确，具有持续经营能力
股份要求	公开发行的股份达到公司股份总数的 25% 以上；公司股本总额超过人民币 4 亿元的，公开发行股份的比例为 10% 以上	公开发行的股份达到公司股份总数的 25% 以上；公司股本总额超过 4 亿元的，公开发行股份的比例为 10% 以上	公司治理机制健全，合法规范经营，股权明晰，股票发行和转让行为合法合规
财务要求	公司最近 3 年无重大违法行为，财务会计报告无虚假记载	公司最近三年无重大违法行为，财务会计报告无虚假记载	无
其他要求	交易所要求的其他条件	交易所要求的其他条件	全国股份转让系统公司要求的其他条件

2. 投资者的准入要求

主板和中小板的投资者，除了法律规定禁止买卖股票的人群之外，对其他人群并无额外的要求。而新三板对机构投资和自然人的准入要求有所不同，机构投资者需满足：实收资本或实收股本总额 500 万元人民币以上的法人机构，并且实缴出资总额 500 万元人民币以上的合伙企业；自然人投资者需要满足：投资者本人名下最近 10 个转让日的日均金融资产 500 万元人民币以上具有 2 年以上金融行业工作或投资经历（王昆等，2017）。

3. 信息披露

（1）会计信息披露监管机制差异

在《全省中小企业股权转移信息系统挂牌企业有限公司信息内容发布规定》中，第八条和第九条都明确指出主办证券公司起着监督悬挂企业的职责，在对悬挂企业完成了事前检查以后，再由主办证券公司上传资料至规定信息内容发布平台。主办券商在发现挂牌公司出现披露错误或者出现违规行为的，应及时要求挂牌公司进行更正及补充。而在《交易指引》中的第五十二条规定指出上市公司由交易所自律监管证监会行政监管。挂牌公司相对于上市公司来说，监督机制逐渐加强，并逐渐向主板市场靠近。

（2）会计信息披露定期报告差异

在《全国中小企业股份转让系统挂牌公司信息披露规则》中第十一条和第十二条指出精选层公司与创新层、基础层公司定期报告披露的差异性。其中精选层公司定期报告中必须包括年度、中期以及季度报告。而创新层、基础层公司只需要披露年度报告及中期报告。而在《交易指引》中的第二十一条规定上市公司必须每半年提交风险持续评估报告，并与半年度报告、年度报告同时披露。总之，主板市场对于上市公司的要求要比新三板市场对于挂牌企业的要求更高。

（3）会计信息披露临时报告差异

在《全国中小企业股份转让系统挂牌公司信息披露规则》中第二十四条中指出挂牌公司必须对重大事件进行及时披露，而在《交易指引》中第十三条、第十七条、第二十七条、第三十八条中指出上市公司必须对所有的临时报告进行及时披露，不管事件是否重大。综上，证监会在对上市公司的信息披露准则中，要求十分严格，更加规范了主板市场信息披露原则，为新三板市场做了一个更好的模范。

从以上三个方面可以得出，主板在市场准入和信息披露方面的严格程度要远大于新三板，而对投资者的要求低于新三板。相比于新三板，投资者能更加及时准确地获得主板、中小板和创业板上市企业的相关信息，减少了信息的交易成本和信息的不对称性，资金较少的投资者也就更加倾向于投资主板，因此新三板挂牌企业的股权也就相对比较集中，而且新三板的交易方式有两种，一是投资者买卖双方在场外自由对接，协商并确定买卖意向，再回到新三板市场，委托主办券商办理申报、确认成交并结算；二是买卖双方向主办券商做出定价委托，委托主办券商按其指定的价格买卖不超过其制定数量的股份，主办券商接到此委托后，并不积极作为，寻找相应的买家或卖家，而是将定价委托申报至股权代办转让系统登记备案，并等待一个认可此价格的买家或卖家出现，对手方如同意此定价且愿意为此交易，仍需委托主办券商做出成交确认委托，一旦该委托由主办券商做出成交确认申请，并在标的股份存在且充足、买方资金充足的情况下，交易才能成立（纪淑玲，2016）。由于准入要求的限制、股权相对集中、信息披露少加上场外交易的模式，新三板企业股权转让频率也就相对较低，有可能造成股价低估，有资格的投资者能获得比较高收益率。

（二）佛山新三板挂牌公司股权结构现状分析

公司的基本管理架构，就是指由股东会、董事长以及管理层等三方所构成的一个架构，在这个架构当中，上述三方相互之间产生了必要的控制关系，比较有钱的企业可以将自己所持有的企业的全部资本交由企业的股东托管，而公司股东则是企业的最大决定机关，享有对管理层的聘任、奖励和辞退等权利，而管理层则受聘于公司董事长，共同构成了在董事长主导下的管理机构，在公司董事长许可的范围内运营着公司，这是一个非常合理的治理架构，在这样的一个治理架构中充分地发挥了有资金人的资金能力以及有经营能力的管理层的能力和董事会的能力。公司必须要构建一个良好的治理结构，因为一旦公司的治理结构有问题，这个企业就很难成功，公司究竟是由谁来投资？公司间的持股比率怎样？以及如何管理才能实现在股东会、董事和管理人员之间一个清晰的分配，一个相互的控制，而这些都决定着这个公司能否有发展壮大的动力，而一个企业是否有动力，决定了他是否有活力，一个有活力的企业会逐步地发展欣欣向荣，一个没有活力的企业就经营得平淡如水。

公司治理结构的核心问题是公司的股东构成以及他们相互之间的比例关系。股东和股东并不一样，股东的持股比例不同，股东的权利也就不同，公司的运转就需要遵循不同的规则。

首先来研究股份结构及其对治理影响，从第一位大股东持股比率、持有稳定性，以及前十个大股东持股比率、持股集中度、股权制衡度等指标来考量股权结构的特点和股权结构对其他公司治理结构问题的影响。有所区别的是，根据新三板的信息披露机制，法人持股比例这一变量所能收集到的数据过少，所以在模型中并没有加入该变量，佛山新三板挂牌企业中，国企不足 6%，样本太少，而且不具备显著特点，所以模型中也没有加入是否为国有企业这一变量。数据的区间也有所不同，佛山第一家新三板挂牌公司是 2014 年正式挂牌的，由于到 2018 年，此期间的数据较少，为了模型更具科学性和说服力，本章节选取的数据是从 2014 年到 2020 年。

1. 样本选择

2014 年 6 月 4 日，精鹰传媒成为佛山市第一个新三板正式挂牌的企业，随后几年间不断有佛山市企业登陆新三板，剔除了数据不全的公司之后，保留的新三板企业数量如表 5-13 所示。

表 5-13 新三板样本公司数量

单位：个

年份	2014	2015	2016	2017	2018	2019	2020
公司数量	7	20	23	14	2	9	3

（数据来源：Wind 数据整理所得）

2. 股权集中度描述性统计分析

本部分将 2014—2020 年间佛山和全国新三板挂牌公司的第一大股东持股比例均值进行比较。如表 5-14 所显示的，在 2014—2017 年，佛山新三板挂牌企业第一大股东的持股比例一直遥遥领先于同一时间的国内市场平均水平，不过佛山新三板挂牌企业第一大股东的持股比例却长期保持着下滑态势，而国内新三板挂牌企业第一大股东的持股比例也较为平稳，在 2018—2020 年，佛山新三板挂牌企业第一大股东的持股比率一直低于国内水平。

表 5-14 佛山和全部新三板挂牌公司第一大股东持股比例

单位：%

年份	2014	2015	2016	2017	2018	2019	2020
佛山第一大股东持股比例	59.87	54.23	51.57	50.55	49.72	50.35	49.99
新三板第一大股东持股比例	54.32	51.20	51.02	50.46	50.50	50.73	50.79

（数据来源：Wind 数据整理所得）

表 5-15 佛山和全部新三板挂牌公司前 10 大股东持股比例

单位：%

年份	2014	2015	2016	2017	2018	2019	2020
佛山前十大股东持股比例	85.44	94.48	96.46	89.29	89.33	96.26	96.11
新三板前十大股东持股比例	90.61	92.67	93.81	88.43	88.14	93.56	93.86

（数据来源：Wind 数据整理所得）

从表 5-15 中可以看出从 2015—2020 年佛山新三板挂牌公司的前十大股东股权占比合计的比例均高于新三板的平均水平，也就是说佛山新三板挂牌公司的股权集中度高于新三板挂牌公司的平均水平，而且佛山新三板挂牌公司的股权集中程度持续居于高位，没有下降的趋势。在 2017—2018 年，佛山新三板挂牌公司的股权集中程度和新三板挂牌公司的股权集中程度同时有一个明显的下降。这是由于在 2016 年 9 月，新三板私募做市试点业务正式启动，这一业务提高了新三板市场流动性，导致股权集中程度有所下降。

（三）股权集中度对企业绩效的影响实证研究

1. 研究假设

为了研究股权结构对佛山新三板挂牌公司业绩的影响，我们提出如下两个假设：

H1：股权集中度与佛山新三板挂牌公司业绩正相关；

H2：挂牌时间与佛山新三板挂牌公司业绩正相关。

2. 变量说明

（1）因变量（被解释变量）

本书采用净资产收益率（ROE）和资产收益率（ROA）作为因变量，来衡量公司的业绩。

（2）自变量（解释变量）

本研究采用第一大股东占挂牌公司总股本的比例和前十大股东占挂牌公司总股本的比例，由这两个变量来代表股权集中程度。

（3）控制变量

参考之前学者的研究结论，在模型中加入控制变量，以便增加模型的准确性，确保结果的可信度。表 5-16 为变量说明表，这里选用的控制变量有：公司总市值的自然对数 LNMARKVALUE，挂牌年龄 LIAGE，公司存续年龄 AGE。表 5-17 为变量描述性统计表。

表 5-16 变量说明表

变量类型	变量名称	变量代码	具体定义及计算方式
被解释变量	总资产收益率	ROA	固定年净收入 / 总资产
	净资产收益率	ROE	固定年净收入 / 平均股东权益
解释变量	第一大股东持股比例	TOPSHAREONE	第一大股东持股数量 / 总股本
	前十大股东持股比例	TOPSHARE10TOTAL	前十大股东持股数量之和 / 总股本
	挂牌年龄	LIAGE	2020- 公司新三板挂牌年份 +1
	公司年龄	AGE	2020- 公司成立年份 +1
	公司市值	LNMARKVALUE	每年公司总市值的自然对数

表 5-17 变量描述性统计

变量名	样本数量	平均值	方差	最小值	最大值
ROE（净资产收益率）	323	-0.385	6.344	-112.789	5.509
ROA（总资产收益率）	323	0.033	0.150	-0.766	0.546
TOSHAREONE（第一大股东持股比例）	323	0.513	0.186	0.195	0.990
TOPSHARE10TOTAL（前十大股东持股比例）	323	0.921	0.147	0.000	1.000
AGE（公司年龄）	323	14.365	4.850	4.000	26.000
LIAGE（挂牌年龄）	323	3.133	1.624	1.000	7.000
LNMARKVALUE（公司市值）	323	18.715	1.382	14.916	21.064

3. 变量的相关性分析

这里选用 Stata16 版软件对此次数据的变量做相关系数分析，首先采用 ROE 作为被解释变量，变量之间基本的相关关系如下表 5-18。

表 5-18 佛山新三板挂牌企业股权结构相关指标之间的相关系数（皮尔逊系数）

变量名	ROA（净资产收益率）	ROE（总资产收益率）	TOPSHAREONE（第一大股东持股比例）	TOPSHARE10TOTAL（前十大股东持股比例）	LNMARKVALUE（公司市值）	LIAGE（挂牌年龄）	AGE（公司市值）
ROA（净资产收益率）	1.0000	-	-	-	-	-	-
ROE（总资产收益率）	0.1209*	1.0000	-	-	-	-	-
TOPSHAREONE（第一大股东持股比例）	0.2248***	-0.0150	1.0000	-	-	-	-
TOPSHARE10TOTAL（前十大股东持股比例）	0.1049	-0.0187	0.2923***	1.0000	-	-	-
LNMARKVALUE（公司市值）	-0.1370*	0.0900	-0.3001***	-0.2994***	1.0000	-	-
LIAGE（挂牌年龄）	-0.2104***	-0.0378	-0.0654	-0.0813	0.1953**	1.0000	-
AGE（公司市值）	0.1667**	0.0352	0.0290	0.0685	0.1321*	0.2166***	1.0000

由以上 ROA、ROE 值与各公司股权结构指数间的关联关系可看出，该公司净资产收益率与“注”中的 *、**、*** 分别表示在 10%、5% 以及 1% 的统计水平上显著。

净资产收益率明显具正关联性，该公司净资产收益率与该公司第一个大股东持有比率明显具正关联性，净资产收益率与该公司的上市年龄明显具负关联性，该公司净资产收益率与该公司存续年龄段明显具正关联性，该公司第一个大股东持有比例与前十大股东持有比率呈明显正关联性，前十大股东持有比率与该公司的市值呈明显负关联性，前十大股东持有比率与该公司的上市年龄呈明显负关联性，前十大股东持有比率与该公司的存续年龄段呈明显负关联性，企业市值与企业挂牌年龄正相关，企业市值与企业存续年龄正相关，企业挂牌年龄与企业存续年龄显著正相关。

4. 模型选择

由于被解释变量 ROE 和 ROA 取值被限定在 0 至 1 之间，所以使用普通面板线性回归模型或基于普通的最小二乘进行回归分析会使得模型中出现计算错误。因此选用受限面板的 Tobit 模型，基于极大似然法研究股权集中度对公司业绩的影响，设定模型：

$$ROA^*_{i,t}=\beta_0+\beta_1 TOPSHAREONE_{i,t}+\beta_2 TOPSHAREONE_{i,t}+\beta_3 LIAGE_{i,t}$$

$$+\beta_4 LNMARKVALUE_{i,t}+\beta_5 AGE_{i,t}+\mu_{i,t}$$

$$ROA^*_{i,t}=\begin{cases}0，ROA^*_{i,t}\leq 0\\ ROA^*_{i,t}，0\leq ROA^*_{i,t}<1\\ 1，ROA^*_{i,t}\geq 1\end{cases}$$

$$ROE_{i,t}=\beta_6+\beta_7 TOPSHAREONE_{i,t}+\beta_8 TOPSHAREONE_{i,t}+\beta_9 LIAGE_{i,t}$$

$$+\beta_{10} LNMARKVALUE_{i,t}+\beta_{11} AGE_{i,t}+\varepsilon_{i,t}$$

$$ROE_{i,t}=\begin{cases}0，ROA^*_{i,t}\leq 0\\ ROE^*_{i,t}，0\leq ROE^*_{i,t}<1\\ 1，ROA^*_{i,t}\geq 1\end{cases}$$

其中 β_0，β_6，为常数项，i 表示样本中每一佛山新三板挂牌企业，t 表示年份，β_i 为指标的回归系数 μ，ε，为模型的误差项。

5. 实证结果及分析

根据之前章节的模型，分别对ROA和ROE进行回归，结果如下表5-19。

表 5-19 总资产收益率（ROA）为被解释变量的回归结果

变量名	变量代码	被解释变量：ROA		
		系数	T 值	P 值
第一大股东持股比例	TOPSHAREONE	0.1012***	3.10	0.002
前十大股东持股比例	TOPSHARE10TOTAL	0.0092	0.22	0.826
挂牌年龄	LIAGE	0.0032***	-4.40	0.000
公司年龄	AGE	0.0032***	2.60	0.010
公司市值	LNMARKVALUE	-0.0036	-0.81	0.417
资产负债率	ALR	-0.686**	-2.570	0.012
成本收入比	CIR	-0.077***	-4.020	0.000

注：*、**、*** 分别表示在 10%、5% 以及 1% 的统计水平上显著。

表 5-20 净资产收益率（ROE）为被解释变量的回归结果

变量名	变量代码	被解释变量：ROE		
		系数	T 值	P 值
第一大股东持股比例	TOPSHAREONE	0.1092**	1.90	0.058
前十大股东持股比例	TOPSHARE10TOTAL	-0.0406	0.57	0.570
挂牌年龄	LIAGE	-0.0016	-0.26	0.799
公司年龄	AGE	0.0048***	2.23	0.026
公司市值	LNMARKVALUE	-0.0208***	-2.64	0.009
资产负债率	ALR	-0.686**	-2.570	0.012
成本收入比	CIR	-0.077***	-4.020	0.000

注：*、**、*** 分别表示在 10%、5% 以及 1% 的统计水平上显著。

通过表 5-19 和表 5-20 的结果分析，得出的主要结论如下：

第一大股东持股比例与总资产收益率 ROA 在 1% 水平上显著正相关，与净资产收益率 ROE 在 5% 水平上显著正相关，表明第一大股东持有比率的提高能够带动上市公司的收益水平提升。第一大股东的持有比例逐渐增加，第一大股东就越会为了自己的利益采用加强管理、提高公司的技术水平和降低成本等方法来提高公司的盈利能力、提高公司估值，使得第一大股东在资本市场能够获利。

前十大股东持股比例与上市公司相关性比较小，说明上市公司盈利能力受到前十大股东持股比例的影响较小。这个因为新三板公司的披露机制和交易方式导致的股权相对集中，信息不对称的相对严重，机构投资者较少，股权分散程度较低，导致前十大股东可能是大部分公司实际控制人的亲属和利益相关者，并不会参与公司决策，所以前十大股东持股比例并不会对公司的盈利能力方面产生影响。

佛山新三板公司挂牌年龄与总资产收益率（ROA）在 1% 水平上显著正相关，表明佛山上市公司在新三板上市，有利于企业通过股权交易获取融资，从而增加公司的生产能力或提升公司的经营管理水平，进而增加企业的整体收益，另外，企业如果在新三板上市，也可以增加企业的产品知名度，产品销量也会随之增加，也提高了公司的收益率。

公司规模（LNASSET）与净资产收益率（ROE）在 1% 的置信水平下显著正相关。说明上市公司随着资本规模的增加，有充裕的资本增加主营业务规模，减少业务经营的平均成本费用，进而增加收益率。另一方面，企业拥有充足的资金后，更倾向于开拓除主营业务外的其他业务，业务种类的多元化可以有效地降低企业的经营风险，从而使企业的净资产收益率更加稳定。

公司年龄与总资产收益率（ROA）在 1% 水平上显著正相关，与净资产收益率（ROE）在 1% 水平上显著正相关，说明公司年龄与盈利能力正相关，公司成立时间越长，销售渠道越成熟，管理效率越高，经营模式越有效，企业实力越雄厚，企业盈利水平越高。

公司市值与净资产收益率（ROE）在1%水平上显著负相关。由于创业板公司一般都是刚开始发展型的企业，所以对于技术、人员资源也格外倚重，创业板公司高管离职减持行为也会加大减持压力、从而使相应个股的波动性进一步增加。企业想要进一步发展壮大所以对高级管理人员进行股奖励，通过高级管理人员本身的技能学识帮助企业更加壮大，达到高级管理人员和企业利益双赢，不过由于企业市值的持续增加，面临暴利诱惑，一些中小上市股份公司高层管理层已把企业发展置于脑后，管理层离职也会抢走一些重要资源，影响企业的稳健发展。

四、佛山新三板上市公司科技创新能力研究

1. 研发投入现状

中关村是新三板市场的发源地，是中国现代科技创新发展的热门聚集地，也是一个全球著名的科技创新和商业发展地区。这种先天因素使得新三板市场与科技和创新型的企业有着“天然”的联系，同样也是新三板市场的内在使命，即推动创造性、开拓性和发展性企业的发展。①

由下图5-3佛山市新三板上市企业的研发支出合计可以看到，2014年佛山新三板上市企业平均研发支出为0.04亿元，从2014年开始，佛山市新三板上市企业的平均研发支出呈逐渐上升的趋势，到2018年佛山新三板上市公司研发支出均值达到0.06亿元。这与佛山A股上市公司研发投入的发展趋势大致相同，这表明不仅是大企业，中小微企业对科技创新改革的重视程度也很高，这与目前科技创新促进改革的大趋势和佛山市上市公司的整体要求是相符的。

① 张弛．助力科技创新发展新三板改革步伐加速[N]．金融时报，2019-10-23.

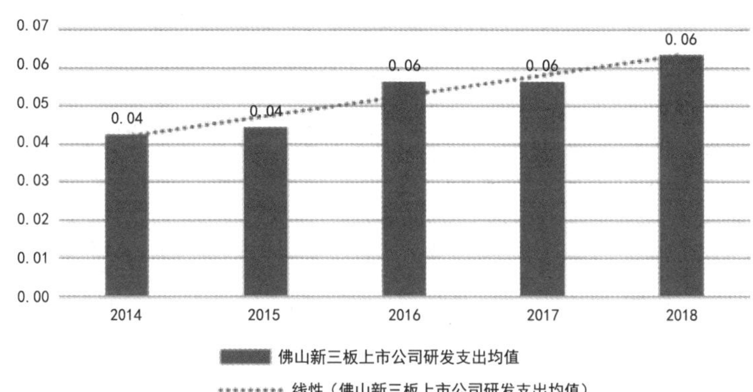

图 5-3 佛山新三板上市公司研发支出均值变化（亿元）

（数据来源：Wind 金融终端整理所得）

从图 5-4 佛山新三板上市公司研发密度均值变化情况可以看到，虽然 2014 年研发密度均值有所下降，但是从 2015 年开始，佛山新三板上市公司的研发投入密度整体呈现上升趋势，2018 佛山新三板上市公司研发密度均值达到 17.8%。这表明佛山中小企业研发支出占主营业务收入的比重越来越大，企业创新不仅体现在其研发投入绝对量的上升，也越来越重视研发投入活动的相对量研发密度。

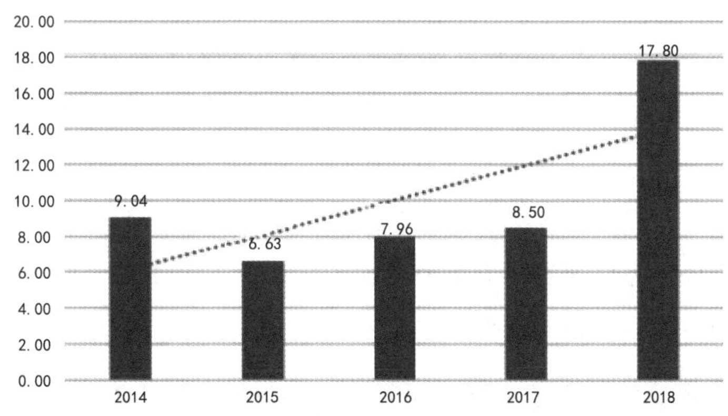

图 5-4 佛山新三板上市公司研发密度均值变化（%）

（数据来源：Wind 金融终端整理所得）

2. 佛山五区研发投入对比

前面提到佛山新三板上市企业平均研发支出逐年上升，但不同区域的发展水平还是存在很大的差异，接下来对佛山新三板企业研发投入状况进行分区分析。由图 5-5 可以看到，佛山各区新三板上市企业的分布存在很大差距，综合实力较强的顺德区和南海区分别占比 37% 和 38%，相比顺德区和南海区，其他三区新三板上市企业占比较少。

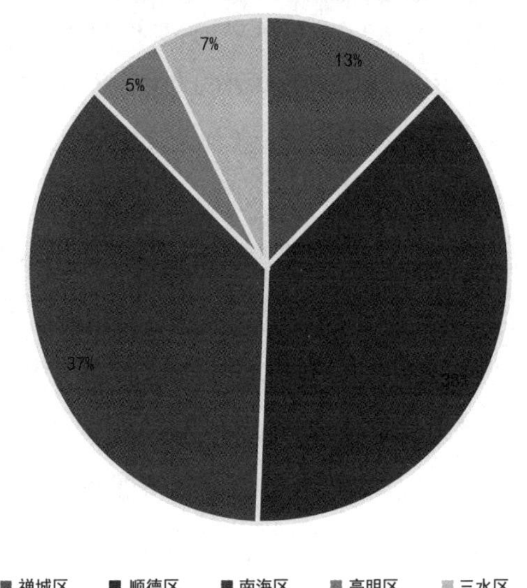

图 5-5 佛山五区新三板上市公司分布（%）

（数据来源：Wind 金融终端整理所得）

由图 5-6 佛山五区新三板上市公司研发支出均值对比可以看到，综合实力较强的南海区研发投入水平一直处于稳步上升趋势，同样实力较强的顺德区前三年研发投入水平一直处于领先地位，但近两年有一定程度的下降；另外虽然高明区新三板上市企业占比较少，但十分重视企业创新，2015 开始赶超顺德和南海两大巨头，到 2018 年高明区新三板上市公司平均研发投入达到 0.10 亿元，在佛山五区中排名第一；相比于研发投入支出较高的三区，禅城区和三水区新三板上市企业研发投入处于较低水平，发展平稳，波动幅度不大。

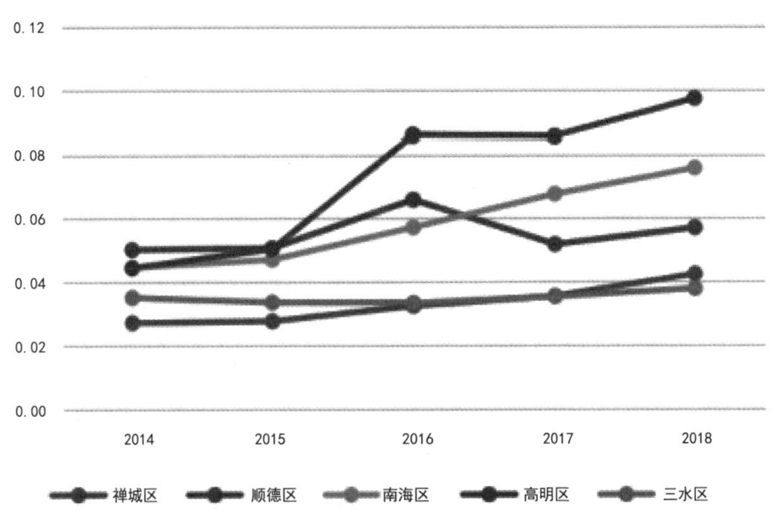

图 5-6 佛山五区新三板上市公司研发支出均值对比（亿元）

（数据来源：Wind 金融终端整理所得）

由图 5-7 可以看到，研发投入绝对量较高的高明区在研发密度投入上还存在欠缺，研发密度平均水平位于佛山五区的末位，高明区还应更重视企业研发投入相对量的增加。另外顺德区和三水区企业研发密度的投入表现平平，也处于较低水平。南海区企业研发密度投入目前看来处于缓慢增长态势，有继续发展的空间。顺德区自 2015 年开始快速增长，2016 年已超过佛山其他四区，位居第一，2018 年顺德区新三板上市公司研发密度均值达到 91.01%，这个异常值是由合璟环保公司引起的，2018 年合璟环保公司的研发密度达到 8.53，去掉这个异常值，2018 年顺德区新三板上市公司研发密度均值为 6.36%。

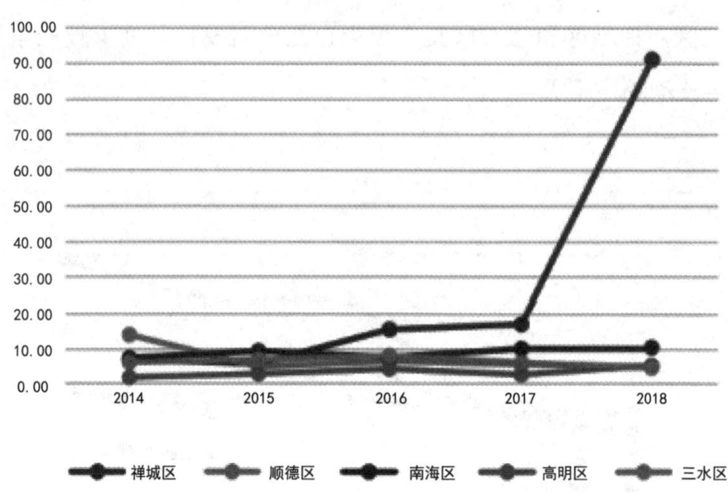

图 5-7 佛山五区新三板上市公司研发密度均值对比（%）

（数据来源：Wind 金融终端整理所得）

3. 研发投入对企业绩效影响实证分析

研究对象是 2018 年 12 月 31 之前在佛山新三板上市的企业，为保证数据完整性，样本剔除了 R&D 支出等指标缺失的数据，选择的时间范围为 2011—2018 年。经过筛选后的样本分布如下表 5-21 所示：

表 5-21 佛山新三板上市公司分布

年份	2014	2015	2016	2017	2018	合计
公司数量	51	64	68	71	71	325

（数据来源：Wind 金融终端整理所得）

（1）研究假设

为了研究研发投入对企业绩效的影响，提出以下三个研究假设：

H1：研发投入与企业绩效正相关；

H2：研发投入与企业绩效呈负相关或不相关；

H3：研发投入对企业绩效的影响具有滞后性。

（2）变量说明

表 5-22 与表 5-23 分别为各变量相关定义表与各变量描述性统计表。

表 5-22 各变量相关定义

变量类型	变量名称	变量代码	具体定义及计算方式
被解释变量	总资产收益率	ROA	固定年净收入与总资产的比率
解释变量	研发支出	LNRD	上市公司在定期报告中披露的指标。为了数据处理的方便，取自然对数
	研发密度	FRDIN	研发支出合计与公司主营业务销售额的比率
控制变量	公司规模	LNASSET	每年公司账面资产价值的自然对数
	净资产收益率	ROE	固定年净收入与平均股东权益的比率
	资产负债率	ALRATIO	企业总负债 / 企业总资产
	公司年龄	AGE	公司从成立至今的年龄
	第一大股东持股比例	TOPSHAREONE	公司第 1 大股东持股占总股份的比

表 5-23 各变量描述性统计

变量	样本数量	均值	标准差	最小值	最大值
ROA（总资产收益率）	325	5.865	11.572	-57.478	30.626
LNRD（研发支出）	320	14.991	1.082	10.628	17.577
FRDIN（研发密度）	325	0.113	0.499	0.000	8.529

续 表

变量	样本数量	均值	标准差	最小值	最大值
LNASSET （公司规模）	325	18.144	1.003	15.523	20.698
ROE （净资产收益率）	325	-31.044	626.845	-11278.890	81.682
ALRATIO （资产负债率）	325	45.961	21.134	1.737	99.919
AGE （公司年龄）	325	11.458	4.797	1.000	23.000
TOPSHAREONE （第一大股东持股比例）	247	51.696	17.991	18.000	97.000

（3）模型设计

根据以上分析，模型设计如下：

$$\mathrm{ROA}_{i,t}=\hat{a}_0+\mathrm{LNRD}_{i,t}+\hat{a}_1\mathrm{FRDIN}_{i,t}+\hat{a}_2\mathrm{LNASSET}_{i,t}+\hat{a}_3\mathrm{ROE}_{i,t}$$
$$+\hat{a}_4\mathrm{ALRATIO}_{i,t}+\hat{a}_5\mathrm{AGE}_{i,t}+\hat{a}_6\mathrm{TOPSHARE}_{i,t}+\grave{\mathrm{I}}_{i,t}$$

（4）实证分析

①变量相关性分析

皮尔逊检验的结果如表 5-26 所示，从关系系数表中可以看出，研发密度（FRDIN）在 1% 的水平上与总资产收益率（ROA）存在负相关关系，净资产收益率（ROE）在 5% 的水平上与总资产收益率（ROA）存在显著正相关关系，公司年龄（AGE）在 5% 水平下与总资产收益率（ROA）存在显著正相关关系，第一大股东持股比例（TOPSHAREONE）在 5% 的水平上与总资产收益率（ROA）存在正相关关系。

表 5-24 各变量相关性分析表

变量名	ROA（总资产收益率）	LNRD（研发支出）	FRDIN（研发密度）	LNASSET（公司规模）	ROE（净资产收益率）	ALRATIO（资产负债率）	AGE（公司年龄）	TOPSHAREONE（第一大股东持股比例）
ROA（总资产收益率）	1	-	-	-	-	-	-	-
LNRD（研发支出）	0.052	1	-	-	-	-	-	-
FRDIN（研发密度）	-0.163***	-0.054	1	-	-	-	-	-
LNASSET（公司规模）	0.077	0.636***	-0.136**	1	-	-	-	-
ROE（净资产收益率）	0.111**	0.065	-0.941***	0.075	1	-	-	-
ALRATIO（资产负债率）	-0.085	0.014	0.080	0.104*	-0.152***	1	-	-
AGE（公司年龄）	0.140**	0.352***	-0.043	0.405***	0.01	-0.002	1	-
TOPSHAREONE（第一大股东持股比例）	0.138**	-0.080	0.041	-0.147**	-0.026	0.178***	0.027	1

注：*、**、*** 分别表示在 10%、5% 以及 1% 的统计水平上显著。

②回归分析

由表 5-25 的当期回归结果可以看到，研发支出 LNRD 与总资产净利率 ROA 在 5% 的水平下显著负相关，系数为 -3.221，这表示当当期研发支出增加一个单位时，企业财务绩效会减少 3.221 个单位；研发密度与总资产净利率无显著性相关关系。

表 5-25 当期回归结果

变量名称	变量代码	系数	T 值	P 值
研发支出	LNRD	-3.221**	-2.39	0.018
研发密度	FRDIN	-7.405	-0.990	0.324
公司规模	LNASSET	7.700	2.870	0.005
净资产收益率	ROE	-0.006	-1.180	0.241
资产负债率	ALRATIO	-0.328	-4.270	0.000
公司年龄	AGE	-1.471	-2.040	0.043
第一大股东持股比例	TOPSHAREONE	0.388	3.090	0.002

注：*、**、*** 分别表示在 10%、5% 以及 1% 的统计水平上显著。

由表 5-28 滞后一期回归结果可以看到，滞后一期的研发支出与总资产净利率在 1% 显著负相关，系数为 -3.951，表示当上一年的研发支出增加一个单位时，今年的企业财务绩效会减少 3.951 个单位；滞后一期的研发密度与总资产净利率的系数为 8.780，表示当上一年的研发密度增加一个单位时，今年的企业财务绩效会增加 8.780 个单位，且在 5%水平下显著正相关。

表 5-26 滞后一期回归结果

变量名称	变量代码	系数	T 值	P 值
滞后一期研发支出	L.LNRD	-3.951***	-2.82	0.006
滞后一期研发密度	L.FRDIN	8.780**	2.01	0.046
公司规模	LNASSET	10.426	3.05	0.003
净资产收益率	ROE	0.000	-0.48	0.633
资产负债率	ALRATIO	-0.290	-3.43	0.001
公司年龄	AGE	-1.275	-1.56	0.122
第一大股东持股比例	TOPSHAREONE	0.465	3.25	0.001

注：*、**、*** 分别表示在 10%、5% 以及 1% 的统计水平上显著。

由表 5-27 滞后二期的回归结果可以看到，滞后二期的研发支出与总资产净利率无显著性相关关系；滞后二期的研发密度与总资产净利率的系数为 8.623，表示当前两年的研发密度增加一个单位时，今年的企业财务绩效会增加 8.623 个单位，且在 10% 的水平下显著正相关。

表 5-27 滞后二期回归结果

变量名称	变量代码	系数	T 值	P 值
滞后二期研发支出	L2.LNRD	-1.989	-1.290	0.198
滞后二期研发密度	L2.FRDIN	8.623*	1.85	0.067
公司规模	LNASSET	10.099	2.11	0.037
净资产收益率	ROE	-0.001	-0.75	0.457
资产负债率	ALRATIO	-0.263	-2.3	0.024
公司年龄	AGE	-1.590	-1.37	0.172
第一大股东持股比例	TOPSHAREONE	0.328	1.87	0.064

注：*、**、*** 分别表示在 10%、5% 以及 1% 的统计水平上显著。

通过上述研究，得到的主要结论如下：

1）当解释变量为研发支出时，结果支持了第二个假设：研发投入与企业绩效呈负相关或不相关关系。当期、前一年的研发支出越大，今年的绩效水平 ROA 就越低。原因可能是前面的研发投入越大，导致现在的留存收益就越少。这表明，公司在研发方面的投入增加并没有迅速反映在公司的财务绩效上，也许公司的研发投入需要更多的时间才能发挥其作用。

2）当解释变量为研发密度时，结果支持了第三个假设：研发投入对企业绩效的影响具有滞后性。滞后一期的研发密度与总资产净利率在 5% 显著正相关，滞后二期的研发密度与总资产净利率在 10% 的水平下显著正相关，前一年、前两年的研发密度越高，今年的ROA绩效水平就越高，说明增加研发密度，能有效提升企业的财务绩效水平，只是这个提升效果，需要滞后一年才能体现出来。

研发密度是研发支出和企业主营业务销售额的比率，说明企业要想有效提升绩效水平，不应只注重研发投入的绝对量的增加，更应该注重研发投入的相对量：研发密度的提升，即和主营业务相比的比例要增加，这样才能更有效地提升企业的绩效水平。

五、佛山境外上市公司研究

本篇将围绕企业境外上市的概念、特征、企业常采用的境外上市的方式与一般动机进行说明，介绍境外上市企业在公司治理结构、科技创新能力以及盈利能力等绩效的评价指标。同时，针对佛山境外上市企业的情况，分析其在不同地区、年份、市场、领域的上市现状与表现，梳理其中境外上市公司案例，结合目前国际宏观大环境的分析，为未来佛山该地区希望“走出去”的企业提供建设性的参考建议。

所谓“境外上市”，在我国1994年颁布的《国务院关于股份有限公司境外募集股份及上市的特别规定》的第二条指出，它指的是股份有限公司向境外投资人发行的股票，在境外开立的证券交易场流通转让。企业境外上市的方式有直接上市、买壳上市、造壳上市、存托凭证、可转换债券等形式。

境外上市可以帮助企业改善其发展前景与投资机会（Khurana，2008）保护中小股东利益，同时改善公司管理，具体体现在：境外上市对改善公司资本结构、提高信息披露程度、减少关联交易、提高会计标准、加强市场监管等方面都产生了积极的影响（童馨，2005）。其次，境内上市条件对于不少企业而言都较为严苛。我国在《首次公开发行股票并上市管理办法》

中规定，企业上市的标准是满足近两年净利润累计不能少于 1 000 万元，企业的最近期末净资产不得少于 2 000 万元且不存在未弥补亏损等相对严格的条件。加之，国内企业想要在A股上市往往是一场持久战，上市的申请、审核到最终上市花费的时间周期长，要求多且复杂。而对于渴望着尽快上市的企业来说，这种漫长的等待过程往往可能让他们错失未来发展的良机（吕博文，2017）。种种因素，最终综合导致国内企业选择境外上市。

在过去的 20 ～ 30 年里，佛山在不断加快境外上市的步伐，境外上市的企业与目标选择也呈现出多元化的特点。根据 Wind 金融数据库以及其他公开资料显示，截至 2018 年年底，佛山境外上市企业数量已有 20 家（含 5 家退市企业），市值约 3 600 亿元，其中不乏碧桂园、中国联塑等一批优质企业。这对佛山当地区域经济的发展有良好的助力作用，也有利于提高当地企业“走出去”的能力，凸显了佛山企业不断顺应与融入世界资本市场的趋势。回顾过去时间轴可以看出，佛山企业陆续以相对平稳的增速在境外资本市场中尝试着崭露头角。

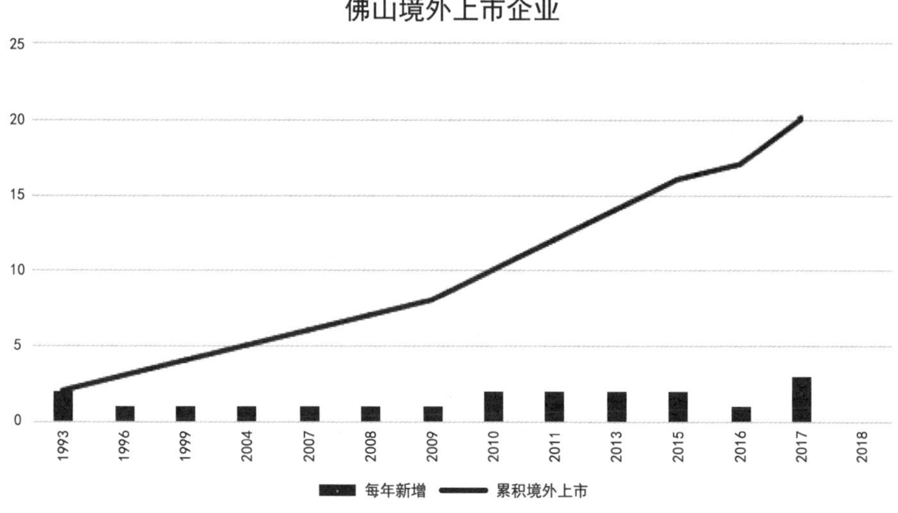

图5-8 1993—2018 年佛山境外上市企业及新增数量

作为内地了解金融咨询的重要窗口，香港沟通着亚洲与全球各大资本市场，港交所也就成了佛山企业的首选目标。在佛山过去的20家境外上市企业中，曾在香港上市的企业（H股）有16家，占据了境外上市总数的80%，香港交易市场在上市企业数量、筹集金额以及上市后的交易量等方面都领先于其他境外市场。另外，美国纳斯达克交易中心（N股）、纽约证券交易所、新加坡证券交易所（S股）以及英国伦敦证券交易所（L股）另类投资市场也曾出现过佛山企业的身影（佛山境外上市名单详见附录2）。

除了香港联交所以外，目前仍旧是美国资本市场与新加坡证券交易所上市交易的佛山企业分别是2家（博实乐、云米科技）与1家（南方包装），且呈现增加趋势，这与美国与新加坡资本市场具有良好的流动性，对金融创新机制的包容性等优点密不可分。

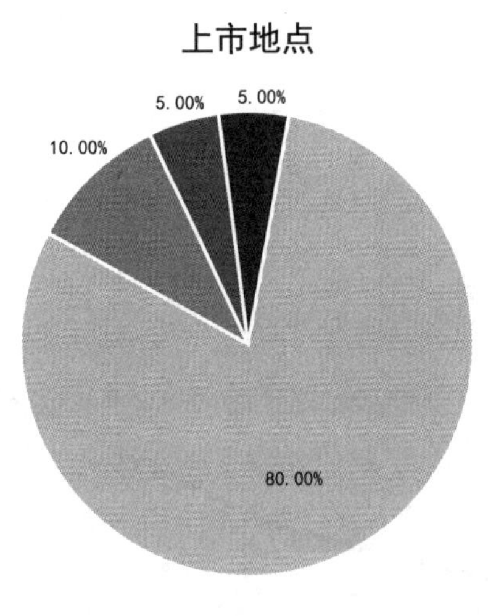

图 5-9 佛山企业上市地点统计

从行业布局来看，佛山赴境外上市的企业依然保有了地区区域经济发展的特点，即以制造业为主体，并由龙头企业带动优势板块发展。就佛山企业境外上市历史而言（含退市），20 家佛山境外上市企业中，5 家来自家电制造企业，3 家来自房地产投资，另有 3 家来自陶瓷企业。而这也与佛山企业的区域经济定位与目标相适应。

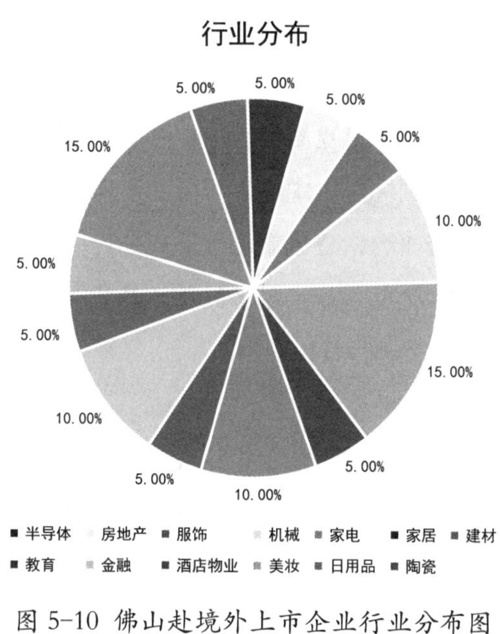

图 5-10 佛山赴境外上市企业行业分布图

从上述图 5-8、图 5-9、图 5-10 中虽能直观地反映出佛山境外上市企业的发展脉络、产业结构与行业组成，但是若要进一步了解佛山境外上市企业的特点，分析其目前形成的上市特点及未来发展方向，则需要从多个不同维度更加细致地进行剖析。著者在查阅文献资料时发现，目前学术界对于地方境外上市企业的分析研究数据寥寥，更多集中于个别具体企业的案例剖析以及针对境外上市政策与规律的实证研究。但仍然有一些思路可以借鉴。本书在分析了佛山截至 2018 年年底历年来曾经参与境外上市的 20 家企业后，总结了佛山境外上市企业的如下特点：

1. 政策利好，港股成为佛山企业境外上市的首选

近年来，佛山一直在大力推动企业赴港上市。佛山关于企业上市工作促进会强调将加大企业境外上市支持力度，凡经认定后的佛山企业在境外资本市场成功上市可以获得市区镇三级资金补贴。

考虑到企业上市行为具有一定的行业聚集效应，大量企业在某一资本市场上市会引导后续企业跟进，进而形成一股上市的浪潮，而该资本市场则很大程度上会被作为热销市场（Stoughton，Wong&Zechner，2001）。与A股上市相比，香港上市审批更高效，上市时间可以预期，上市后可以做灵活安排。同时，作为国际金融中心，香港交易所相关负责人介绍，香港具有良好的国际投融资平台，资本市场发展成熟度高，有利于提高企业在国际上的知名度。正因为此，越来越多的佛山企业在美的、碧桂园等等龙头企业的带领下赴港上市进行股权融资。

2. 企业依据业务分板块交叉上市

中国企业在某一境外资本市场上市后会寻求返回国内资本市场，或在多个国际资本市场同时考察机会，最终实现同一家企业在多个市场交叉上市的局面。佛山境外上市企业也毫不例外地呈现出这样的特点。2019 年 10 月 11 日，美的置业登陆港交所，试图将上市公司的版图进一步扩大。碧桂园集团分拆了旗下物业管理业务分支的碧桂园服务控股有限公司，在港交所主板独立上市。而在此之前的碧桂园教育板块则成功在美国纳斯达克成功上市。

3. 通过兼并收购努力实现国际化

除了直接境外上市以外，佛山企业还通过并购重组作为助推器，帮助其自身做大做强。近年来，通过收购与兼并重组，美的集团形成了包括小天鹅、华凌、东芝、库卡、威灵等在内的多品牌组合。同时，在收购德国机器人巨头库卡后，美的集团拉动世界顶级机器人项目美的库卡智能制造产业基地落户顺德，并为项目投入了 100 亿元人民币。东方精工 3 年收购

8 家企业，向智能包装设备、高端核心零部件制造商转型。科达洁能则收购意大利高端装备龙头开拓海外市场。这些佛山企业的动作为当地企业出海贡献了新的灵感。

4. 境外上市机遇与挑战并存

资本市场有进场者自然不乏退场者。国内外体制机制、经济发展阶段、企业文化、法律法规等各方面的差异，加上近年来中国企业在境外资本市场屡遭做空、频频退市的现状，都说明企业谋求境外上市的路途中不乏风险与成本，是机遇与挑战并存的（张俊瑞等，2012）。境外上市除了享受许多融资上的便利以外，也不乏一系列问题，如跨境资产转移带来的税收问题，政策制定难度的增加，企业对上市标准与退市风险的解读不充分、境外上市可能带来的核心资产与核心技术流失等，这些都可能一定程度上造成企业境外上市“创业未半而中道崩殂”。

第六章　佛山上市公司全国同级城市地位比较研究

一、同级城市上市公司数量比较

为了横向比较佛山上市公司在全国同级城市中的发展水平和地位，我们选取珠三角 9 市、长三角代表城市、京津冀城市以及各省会城市和佛山做横向对比研究。

本书数据均来自 Wind 数据。

（一）佛山与珠三角城市对比

1. 2018 年珠三角城市上市公司数量对比

以下选择沪深 A 股 2018 年的年度数据做分析。截至 2018 年年底，珠三角 9 市的上市公司数量排名如下表 6-1 所示。深圳的上市公司数量最多，达到 238 家，远远领先于排名第 2 的广州市，有 98 家。佛山上市公司数量 37 家，位列广东第 3，珠海和东莞都是 27 家，并列第 4。珠三角城市上市公司最少的是肇庆和江门，都只有 7 家。

表 6-1　2018 年珠三角 9 市上市公司数量及排名

城市	深圳	广州	佛山	珠海	东莞	中山	惠州	肇庆	江门
上市数量	238	98	38	27	27	19	11	7	7
数量排名	1	2	3	4	4	6	7	8	8

上市公司的数量能反映一个地方经济的发展水平，佛山上市公司数量与 GDP 的地位类似，均处于广东省以及珠三角 9 市当中的第 3 名，仅仅落后于深圳和广州。佛山上市公司数量比第 4 名的珠海和东莞高 37%，由此可知佛山上市公司第 3 的地位还是非常稳固的。

2. 1993 年以来珠三角城市上市公司数量发展趋势对比

上述对比用的是 2018 年的数据。如果要了解佛山上市公司数量的发展历史，还可以用下图来表示。下图 6-1 是 1993 年开始到 2018 年的珠三角 9 市上市公司数量的变化趋势以及对比。

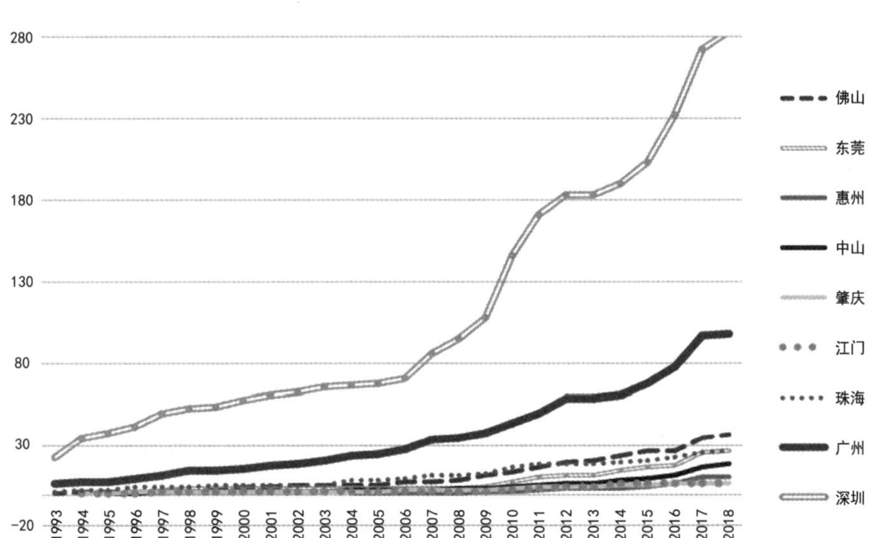

图 6-1 1993—2018 佛山与珠三角 9 市上市公司数量趋势对比

深圳和广州历来遥遥领先。我们把佛山所在的区域放大，与佛山市排名最接近的是东莞和珠海，三条线有很多的交点。2012 年之前，珠海上市公司的数量稳居广东省第 3，佛山的上市公司在 2012 达到 20 家，珠海是

19 家，从 2012 年开始，佛山上市公司数量赶超珠海，跃居第 3。说明佛山在最近 10 年上市公司的发展速度比较快。

图 6-2 为 1993—2018 佛山与东莞、珠海上市公司数量趋势对比图，1993—2018 年，佛山上市公司数量都领先于东莞。截至 2018 年年底，佛山 A 股上市公司达到 37 家，东莞只有 27 家。

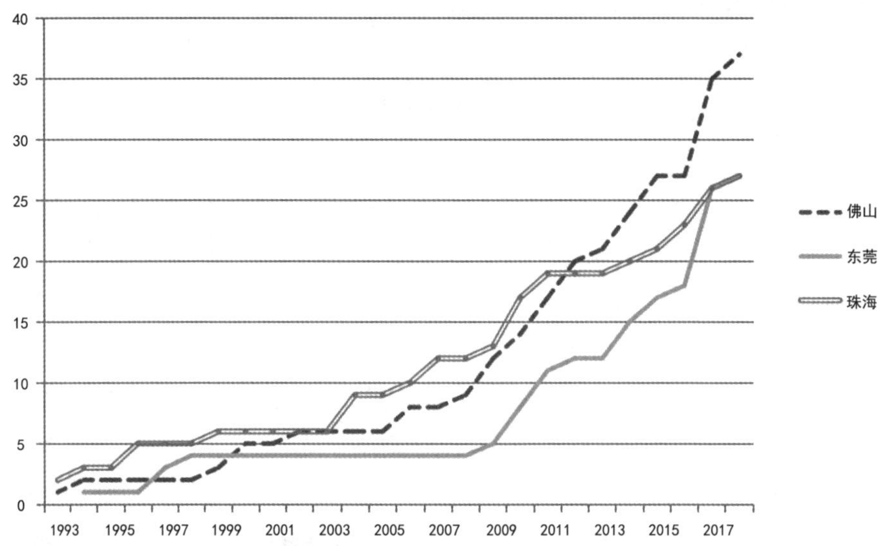

图 6-2 1993—2018 佛山与东莞、珠海上市公司数量趋势对比

（二）佛山与长三角城市对比

1. 2018 年佛山与长三角城市上市公司数量对比

再来看佛山与长三角城市的比较。长三角城市群包括：上海，江苏省的南京、无锡、常州、苏州、南通、盐城、扬州、镇江、泰州，浙江省的杭州、宁波、嘉兴、湖州、绍兴、金华、舟山、台州，安徽省的合肥、芜湖、马鞍山、铜陵、安庆、滁州、池州、宣城等 26 个城市。为了方便比较，本

书尽可能选择与佛山市经济能力比较接近的 8 个城市：杭州、苏州、宁波、绍兴、无锡、常州、温州、徐州。

截至 2018 年年底，佛山市与长三角 8 市的上市公司数量排名如下表 6-2 所示。杭州的上市公司数量最多，达到 130 家，是排名第 2 的苏州市和宁波市的两倍，这两个城市均有 62 家。佛山上市公司数量 38 家，位列第 6，绍兴有 42 家，无锡有 39 家，均领先于佛山。跟在佛山后面的是常州 35 家，温州 12 家以及徐州 7 家。

表 6-2 2018 年佛山与长三角 8 市上市公司数量及排名

城市	杭州	苏州	宁波	绍兴	无锡	佛山	常州	温州	徐州
上市数量	130	62	62	42	39	38	35	12	7
数量排名	1	2	2	4	5	6	7	8	9

相比珠三角城市，佛山在长三角发展最好的这 8 个城市中，就上市公司的数量而言，并无优势，仅仅排名第 6，而佛山在珠三角城市中上市公司的数量是可以排名第 3 的。除开深圳特区由于特殊的地理以及政策优势遥遥领先之外，珠三角其他城市的上市公司数量发展不平衡，差距较大，与长三角相比，上市公司数量并无明显优势。

2. 1993 年以来佛山与长三角城市上市公司数量发展趋势对比

上述对比用的是 2018 年的数据。如果要了解佛山上市公司数量的发展历史，还可以用下图来表示。下图 6-3 是 1993 年开始到 2018 年的长三角 8 市上市公司数量的变化趋势以及对比。

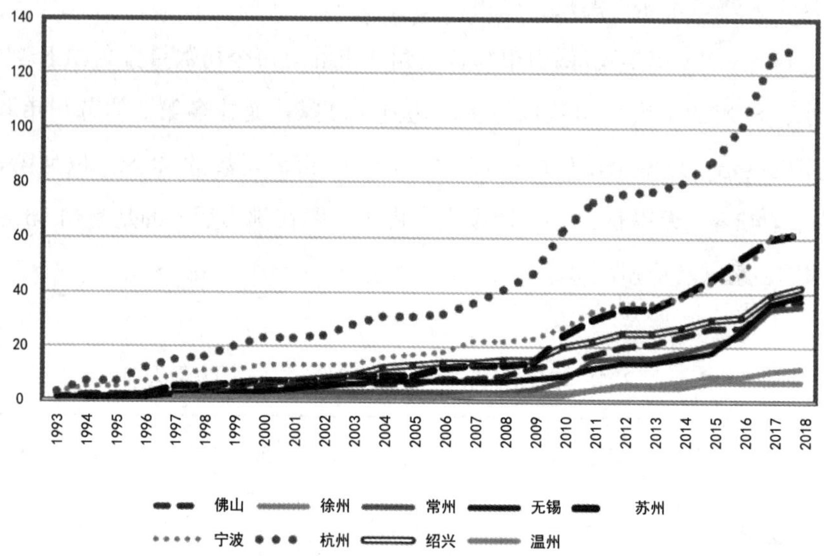

图 6-3 1993—2018 佛山与长三角 8 市上市公司数量趋势对比

杭州和苏州、宁波历来遥遥领先。我们把佛山所在的区域放大，与佛山市排名最接近的是绍兴、常州和无锡，如下图 6-4 所示。

佛山和无锡有上市公司的历史最悠久，从 1993 年证券市场建立之初，这两座城市就有了上市公司，且当时佛山是领先无锡的。1997—2005 年，无锡有赶超佛山的趋势，但是 2006—2016 之间，佛山把无锡甩在了后面，而 2017 年开始，无锡又赶超了佛山。因此，由图可知，佛山上市公司的数量与长三角城市中的无锡势均力敌，且无锡的发展势头迅猛，目前已经领先于佛山。

这几个城市中，后发制人的城市是绍兴，从 1997 年开始有上市公司，其上市公司的数量一路领先于佛山。历来明显落后于佛山的是常州，但该城市从 2016 年开始发展势头十足，有赶超佛山的趋势。

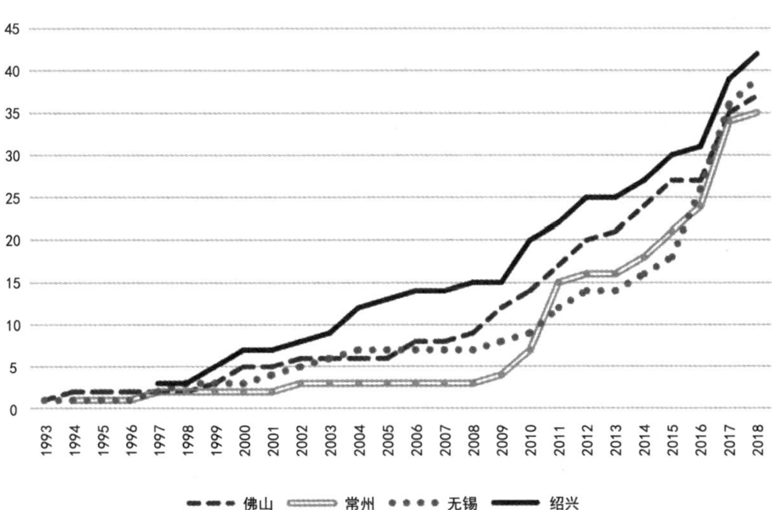

图 6-4 1993—2018 佛山与长三角实力相近城市上市公司数量对比趋势

（三）佛山与一线城市以及“京津冀”城市对比

1. 2018 年佛山与一线城市以及“京津冀”城市上市公司数量对比

再来看佛山与一线城市以及“京津冀”城市上市公司的数量对比，如表 6-3 所示。一线城市中，北京上市公司有 316 家，排名第 1，其次是深圳 283 家，第 3 是上海 281 家。广州和天津分别是 98 家和 52 家，位列第 4 和第 5。佛山明显落后于一线城市。但是在与“京津冀”城市对比时，佛山虽然落后于北京和天津，但是明显领先于石家庄、唐山和保定市。佛山与“京津冀”城市对比也处于中上游水平。

表 6-3 2018 年佛山与一线城市及“京津冀”城市上市公司数量及排名

城市	北京	深圳	上海	广州	天津	佛山	石家庄	唐山	保定
上市数量	316	283	281	98	52	38	15	9	8
数量排名	1	2	3	4	5	6	7	8	9

2. 1993 年以来佛山与一线城市以及“京津冀”城市上市公司数量发展趋势对比

上述排名使用的是 2018 年的数据。如果要了解佛山与上述城市的趋势对比，我们使用 1993—2018 年的数据。下图 6-5 是 1993 年开始到 2018 年的佛山与一线城市及“京津冀”城市上市公司数量的变化趋势以及对比。

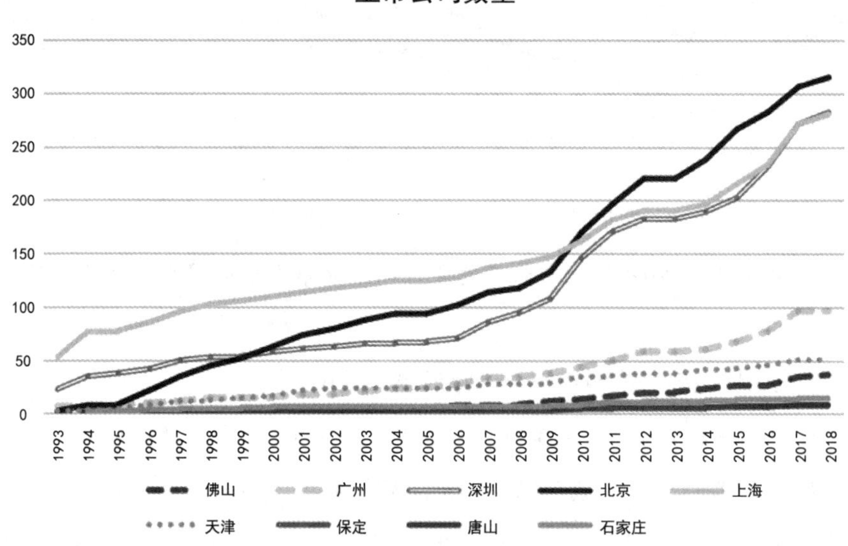

图 6-5 1993—2018 佛山与一线城市以及“京津冀”城市上市公司数量趋势对比

一线城市中，毫无悬念的是北上广深，遥遥领先。再往下就是天津，佛山排在天津之后，而领先于其他“京津冀”城市，比如石家庄、保定和唐山。我们把佛山所在的区域放大，与佛山市排名最接近的是石家庄、保定和唐山，如下图 6-6 所示。

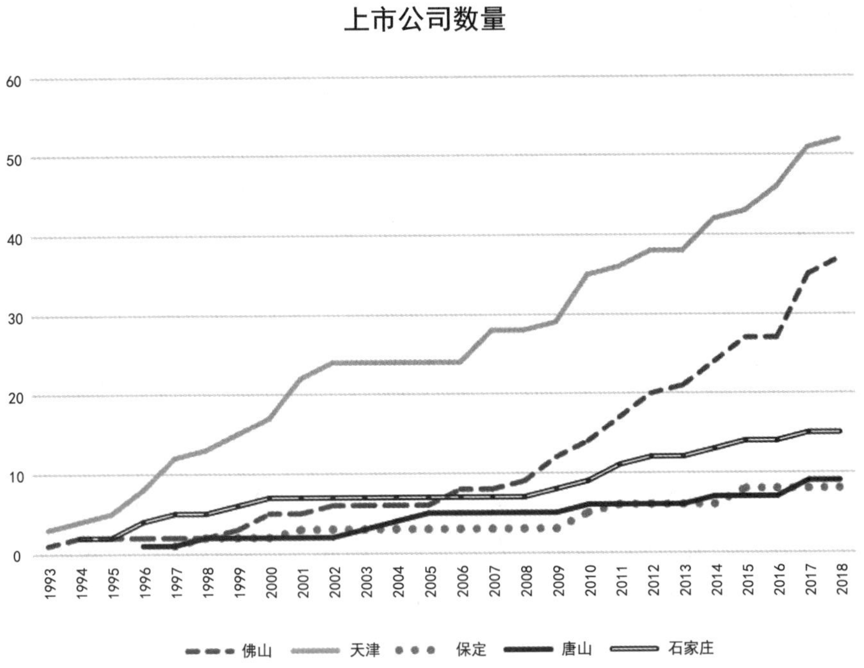

上市公司数量

佛山　天津　保定　唐山　石家庄

图 6-6 1993—2018 佛山与实力相近城市上市公司数量趋势对比

2006 年之前，佛山落后于石家庄，从 2006 年开始，佛山的发展速度明显快于石家庄、保定和唐山。“京津冀”城市中除了北京和天津之外，其他城市上市公司数量的发展都不如佛山。

（四）佛山与各大省会城市对比

1. 2018 年佛山与各大省会城市上市公司数量对比

最后来看佛山与各大省会城市上市公司的数量对比。为了方便比较，本书尽可能选择与佛山市经济能力比较接近的相对发达的 7 个城市：杭州、南京、成都、武汉、长沙、福州、郑州。

截至 2018 年年底，佛山市与上述省会城市上市公司数量排名如下表 6-4 所示。这里还是杭州的上市公司数量最多，为 130 家，排名第 2 的南京市有 84 家。其次是成都 72 家，武汉 57 家，长沙 50 家，福州 41 家，佛山上市公司数量 38 家，仅仅领先于郑州。

表 6-4 2018 年佛山与各大省会城市上市公司数量及排名

城市	杭州	南京	成都	武汉	长沙	福州	佛山	郑州
上市数量	130	84	72	57	50	41	38	24
数量排名	1	2	3	4	5	6	7	8

2. 1993 年以来佛山与各大省会城市上市公司数量发展趋势对比

上述排名使用的是 2018 年的数据。如果要了解佛山与上述城市的趋势对比，我们使用 1993—2018 年的数据。下图 6-7 是 1993 年开始到 2018 年的佛山与各大省会城市上市公司数量的变化趋势以及对比。

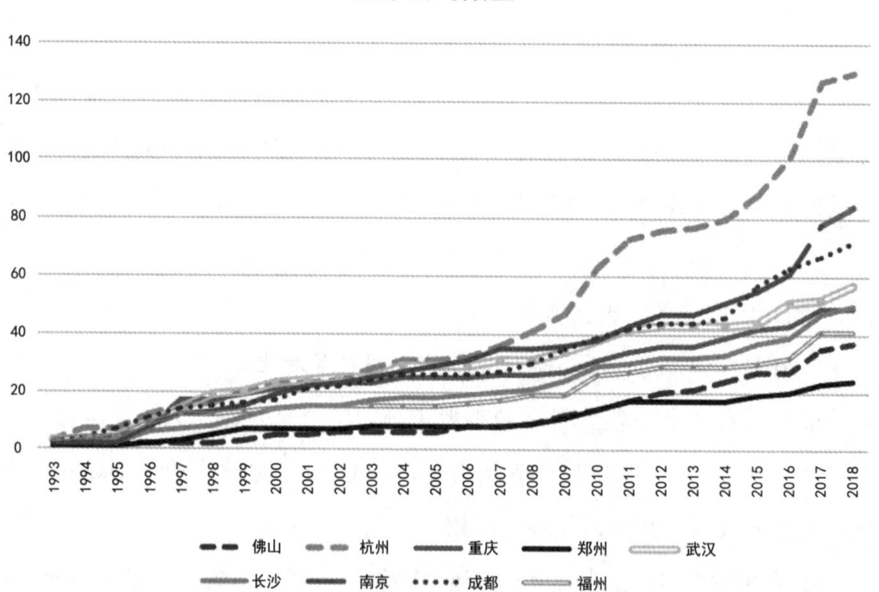

图 6-7 1993—2018 佛山与各大省会城市上市公司数量趋势对比

我们把佛山所在的区域放大，与佛山市排名最接近的是郑州、长沙和福州，如下图 6-8 所示。佛山在 2006 年之前，一直垫底，落后于这几个城市，从 2006 年开始赶超郑州，目前领先于郑州，但依然落后于长沙和福州。

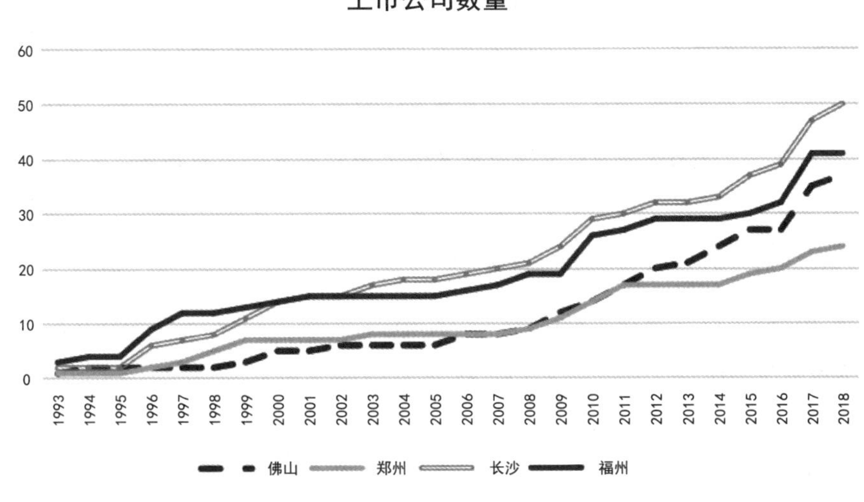

图 6-8 佛山、郑州、长沙、福州上市公司数量

二、同级城市上市公司总市值比较

为了横向比较佛山上市公司的总市值在全国同级城市中的发展水平和地位，我们选取珠三角 9 市、长三角代表城市以及各省会城市和佛山做横向对比。

本小节与上一个小节分析框架类似。

（一）佛山与珠三角城市对比

1. 2018 年珠三角城市上市公司总市值对比

以下选择沪深 A 股 2018 年的年度数据做分析。截至 2018 年年底，珠三角 9 市的上市公司总市值排名如下表 6-5 所示。深圳的上市公司总市值为 45 844.52 亿元，远远领先于排名第 2 的广州 11 195.45 亿元，是广州的 4 倍多。佛山上市公司总市值为 5 836.62 亿元，位列广东第 3。之后的排名依次是珠海、东莞、中山、惠州、肇庆和江门。东莞、中山和惠州实力相当，上市公司总市值都在 1 000 亿元左右，肇庆和江门接近，上市公司总市值均为 370 多亿元。

表 6-5 2018 年珠三角 9 市上市公司总市值及排名

单位：亿元

城市	深圳	广州	佛山	珠海	东莞	中山	惠州	肇庆	江门
总市值	45 844.52	11 195.45	5 836.62	3 922.69	1 305.13	1 250.03	896.10	377.95	370.13
排名	1	2	3	4	5	6	7	8	9

上市公司的总市值能反映上市公司的整体发展水平，佛山上市公司总市值与 GDP、上市公司的数量地位类似，均处于广东省以及珠三角 9 市当中的第 3 名，仅仅落后于深圳和广州。

2. 1993 年以来珠三角城市上市公司总市值发展趋势对比

上述对比用的是 2018 年的数据。如果要了解佛山上市公司总市值的发展历史，还可以用下图来表示。下图 6-9 是 1993 年开始到 2018 年的珠三角 9 市上市公司总市值的变化趋势以及对比。

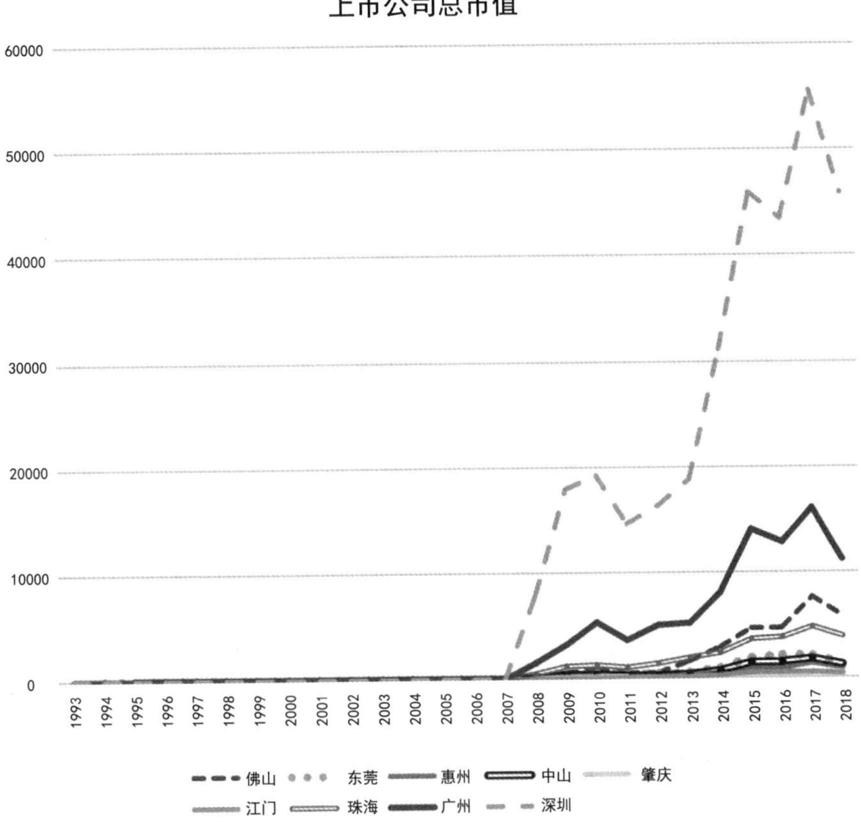

图 6-9 1993—2018 佛山与珠三角 9 市上市公司总市值趋势对比

深圳和广州历来遥遥领先。我们把佛山所在的区域放大，与佛山市排名最接近的是东莞和珠海，三条线有很多的交点。2013 年之前，珠海上市公司的总市值稳居广东省第 3。从 2013 年开始，佛山上市公司总市值开始赶超珠海，跃居第 3。佛山上市公司总市值的发展与上市公司数量的发展类似，都是在最近 10 年赶超的珠海跃居第 3。说明佛山上市公司最近 10 年发展迅猛。

如图 6-10 所示，从 1993—2018 年，佛山上市公司总市值都领先于东莞。截至 2018 年年底，佛山 A 股上市公司总市值达到 5 836.62 亿元，而东莞只有 1 305.13 亿元，佛山上市公司总市值约为东莞的 4.5 倍，远超过东莞。

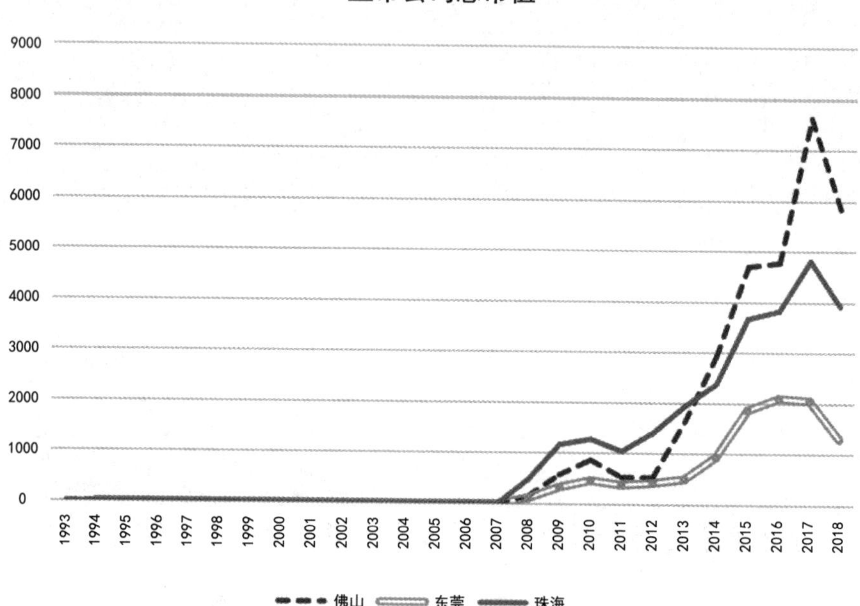

图 6-10 1993—2018 佛山与东莞、珠海上市公司总市值趋势对比

（二）佛山与长三角城市对比

1. 2018 年佛山与长三角城市上市公司总市值对比

再来看佛山与长三角城市的比较。长三角城市群包括：上海，江苏省的南京、无锡、常州、苏州、南通、盐城、扬州、镇江、泰州，浙江省的杭州、宁波、嘉兴、湖州、绍兴、金华、舟山、台州，安徽省的合肥、芜湖、马鞍山、铜陵、安庆、滁州、池州、宣城等 26 个城市。为了方便比较，本书尽可能选择与佛山市经济能力比较接近的 8 个城市：杭州、苏州、宁波、绍兴、无锡、常州、温州、徐州。

截至 2018 年年底，佛山市与长三角 8 市的上市公司总市值排名如下表 6-6 所示。杭州的上市公司总市值最高，达到 13 197 亿元，是佛山 5 836 亿元的两倍，且遥遥领先于其他长三角城市。长三角 8 市的总市值排名，与其上市公司的家数排名无异，只有佛山在其中的总市值排名，比家数排名靠前很多。佛山总市值排名第 2，家数排名第 6。说明佛山上市公司的家数虽然不多，但上市公司的总市值更大，使得总市值排名提升。究其原因，就是因为佛山上市公司中有美的集团、海天味业这样的总市值巨头的存在，分别达到 2 455 亿元和 1 857 亿元。

表 6-6 2018 年佛山与长三角 8 市上市公司总市值及排名

单位：亿元

城市	杭州	佛山	宁波	苏州	绍兴	无锡	常州	温州	徐州
总市值	13 197.63	5 836.627	4 153.156	3 663.426	3 372.094	2 676.485	2 030.071	694.3716	527.3633
排名	1	2	3	4	5	6	7	8	9

2. 1993 年以来佛山与长三角城市上市公司总市值发展趋势对比

上述对比用的是 2018 年的数据。如果要了解佛山上市公司总市值的发展历史，还可以用下图来表示。下图 6-11 是 1993 年开始到 2018 年的长三角 8 市上市公司总市值的变化趋势以及对比。

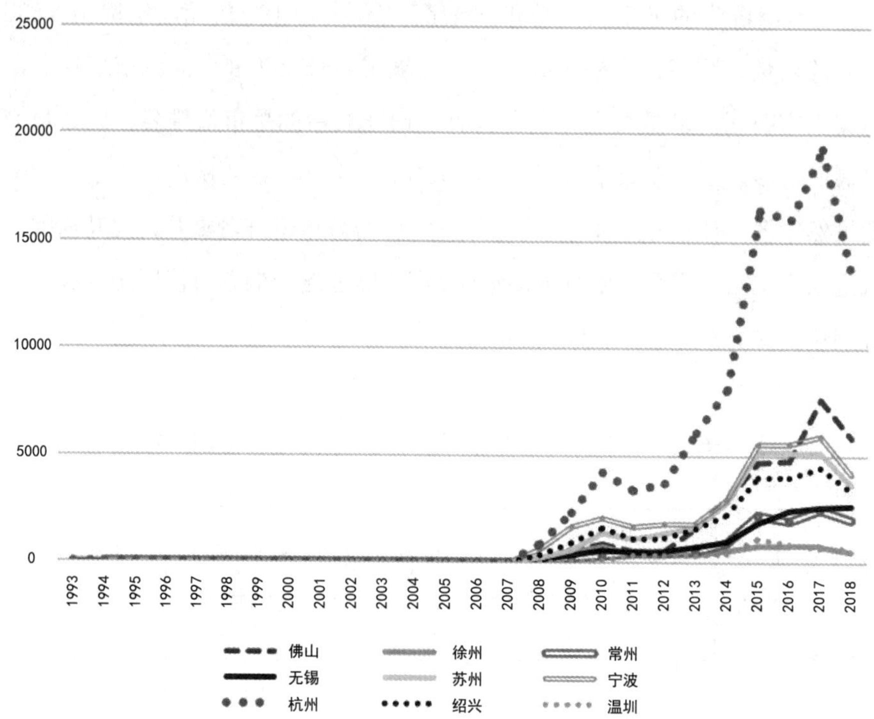

图 6-11 1993—2018 佛山与长三角 8 市上市公司总市值趋势对比

杭州的上市公司总市值，历来遥遥领先。我们把佛山所在的区域放大，与佛山市排名最接近的是苏州、宁波和绍兴，如下图 6-12 所示。

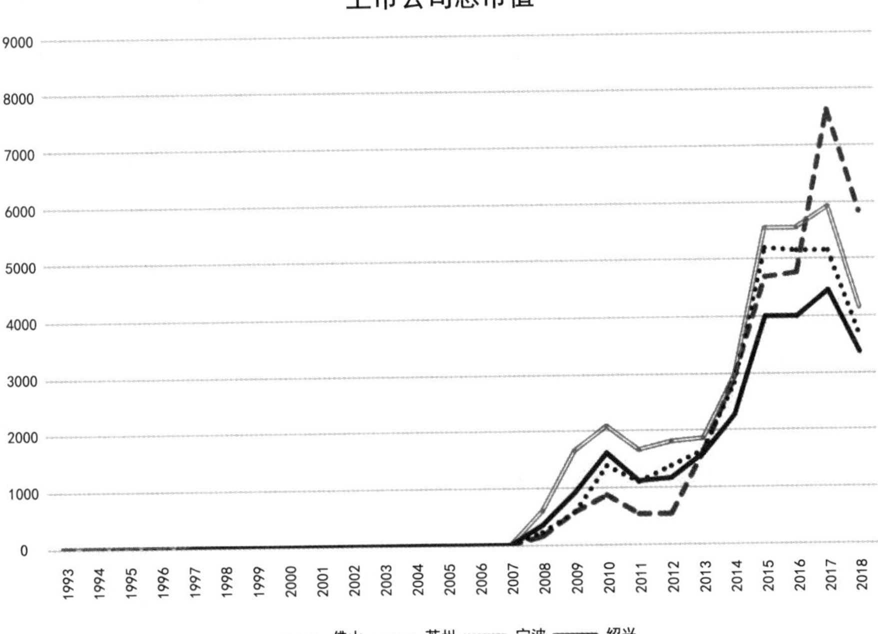

图 6-12 1993—2018 佛山与长三角实力相近城市上市公司总市值趋势对比

佛山在 2012 年之前，上市公司总市值均落后于苏州、宁波和绍兴，从 2013 年开始，佛山上市公司的总市值开始加速上升，到 2017 年开始超过了这 3 个城市。原因在于佛山上市公司中两大巨头：美的集团和海天味业，都是在 2013 年后上市的。美的集团 2013 年 9 月 18 日上市，海天味业在 2014 年 2 月 11 日上市，这两大巨头加入后，总市值一路飙升，赶超了苏州、宁波和绍兴，以及长三角其他城市，仅仅落后于长三角的杭州。

（三）佛山与一线城市以及“京津冀”城市对比

1. 2018 年佛山与一线城市以及“京津冀”城市上市公司总市值对比

再来看佛山与一线城市以及“京津冀”城市上市公司的总市值对比，如下表 6-7 所示。一线城市中，北京上市公司总市值达到 115 666 亿元，遥遥领先排名第1，其次是深圳45 844亿元，第3是上海39 651亿元。佛山明显落后于一线城市。但是在与“京津冀”城市对比时，佛山虽然落后于北京，但是明显领先于天津、石家庄、唐山和保定这些城市。与上市公司数量排名相比，佛山上市公司总市值排名超过了天津，虽然天津有52家上市公司，多于佛山的37家，但是上市公司总市值为5 643亿元，略微落后于佛山的5 836亿元。原因还是如前面章节所分析的，佛山有两大总市值巨无霸：美的集团、海天味业的总市值分别达到2 455亿元和1 857亿元。佛山上市公司总市值与“京津冀”城市对比也处于上游水平。

表6-7 2018年佛山与一线城市及“京津冀”城市上市公司总市值及排名

单位：亿元

城市	北京	深圳	上海	广州	佛山	天津	石家庄	唐山	保定
总市值	115 666.20	45 844.52	39 651.89	11 195.45	5 836.63	5 643.62	1 292.70	796.87	581.99
排名	1	2	3	4	5	6	7	8	9

2. 1993年以来佛山与一线城市以及“京津冀”城市上市公司总市值发展趋势对比

上述排名使用的是2018年的数据。如果要了解佛山与上述城市的趋势对比，我们使用1993—2018年的数据。下图6-13是1993年开始到2018年的佛山与一线城市及“京津冀”城市上市公司总市值的变化趋势以及对比。

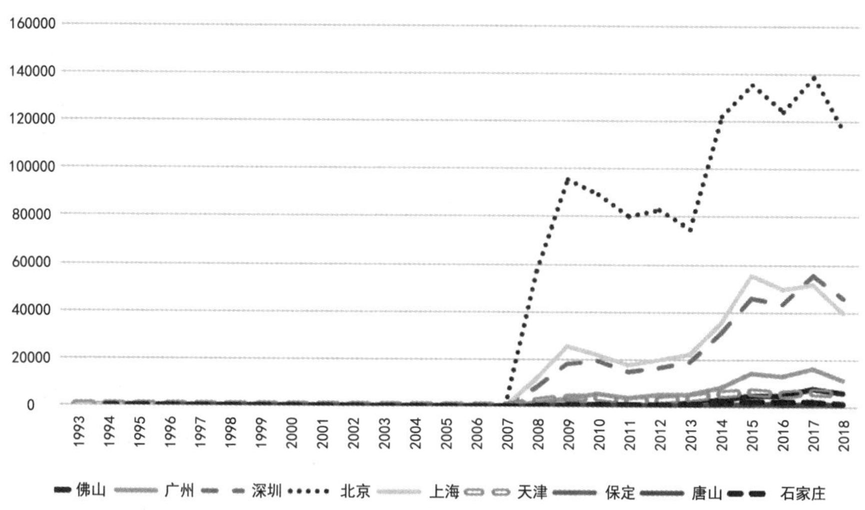

图 6-13 1993—2018 佛山与一线城市以及“京津冀”城市
上市公司总市值趋势对比

一线城市中，毫无悬念的是北上广深，遥遥领先。再往下就是佛山，天津排在佛山之后，但领先于其他“京津冀”城市，如石家庄、保定和唐山。我们把佛山所在的区域放大，与佛山市排名最接近的是天津、石家庄、保定和唐山，如下图 6-14 所示。

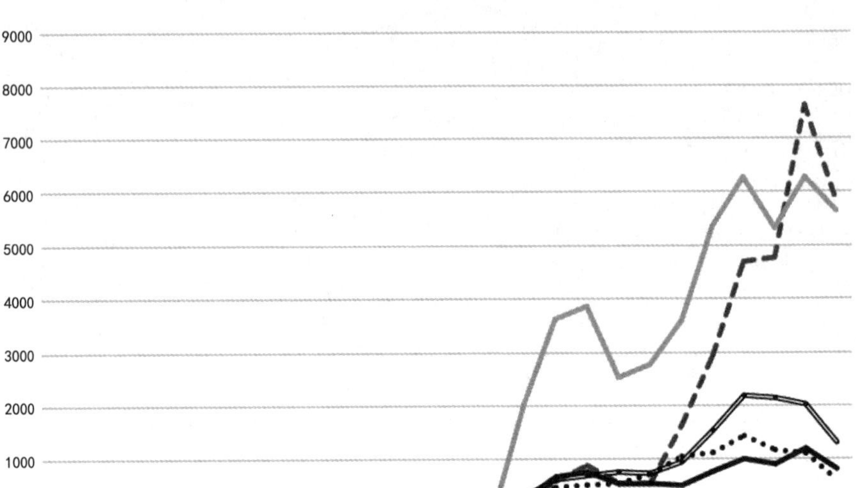

图 6-14 1993—2018 佛山与实力相近城市上市公司总市值趋势对比

2016 年之前，佛山上市公司总市值落后于天津，甚至 2012 年之前，甚至落后于保定和石家庄，2012 年之后，佛山开始把保定唐山和石家庄甩在身后，在 2016 年又赶超了天津。“京津冀”城市中除了北京之外，其他城市上市公司总市值的实力都不如佛山。

（四）佛山与各大省会城市对比

1. 2018 年佛山与各大省会城市上市公司总市值对比

最后来看佛山与各大省会城市上市公司总市值的对比。为了方便比较，本书尽可能选择与佛山市经济能力比较接近的相对发达的 7 个城市：杭州、南京、成都、武汉、长沙、福州、郑州。

截至2018年年底，佛山市与上述省会城市上市公司总市值排名如下表6-8所示。上述省会城市中，还是杭州的上市公司总市值最高，达到13 197亿元，排名第2的是南京市，8 759亿元，其他几个省会城市，基本处于不相上下的地位，如福州、佛山、成都、武汉和长沙，这5个城市的上市公司总市值都处于四五千亿元的水平，只有郑州最落后，上市公司总市值只有1 669亿元，明显落后其他省会城市。

由上一节的分析可知，佛山的上市公司数量为38家，仅仅领先于郑州的24家，而从总市值排名看，佛山排名第4，超过了成都、武汉和长沙。原因还是因为佛山上市公司中的总市值领头羊：美的集团和海天味业。

表6-8 2018年佛山与各大省会城市上市公司总市值及排名

单位：亿元

城市	杭州	南京	福州	佛山	成都	武汉	长沙	郑州
总市值	13 197.63	8 759.087	5 977.979	5 836.627	5 460.001	4 706.181	4 607.481	1 669.283
排名	1	2	3	4	5	6	7	8

2. 1993年以来佛山与各大省会城市上市公司总市值发展趋势对比

上述排名使用的是2018年的数据。如果要了解佛山与上述城市总市值的趋势对比，我们使用1993—2018年的数据。下图6-15是1993年开始到2018年的佛山与各大省会城市上市公司总市值的变化趋势以及对比。

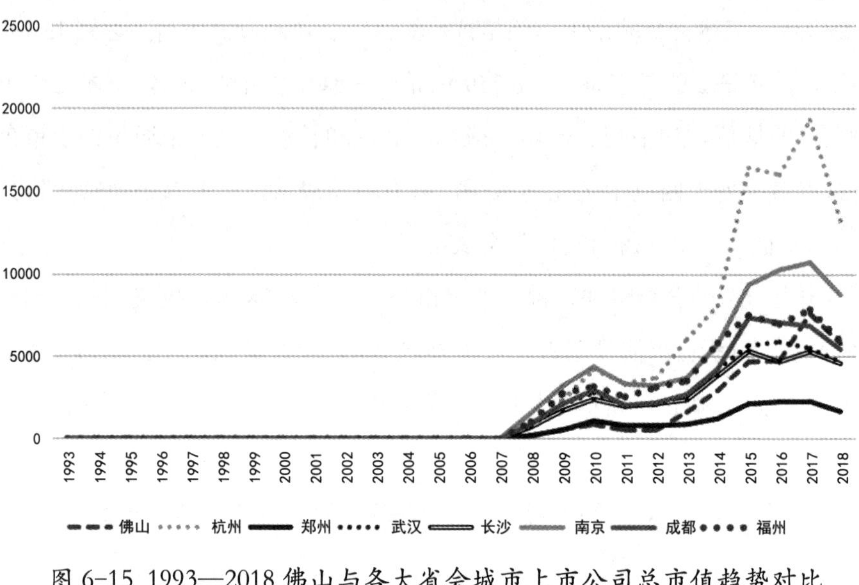

图 6-15 1993—2018 佛山与各大省会城市上市公司总市值趋势对比

我们把佛山所在的区域放大，与佛山上市公司总市值排名最接近的是成都、武汉和长沙，如下图 6-16 所示。佛山在 2012 年之前，一直垫底，落后于这几个城市，甚至落后于郑州，从 2012 年开始赶超郑州，2016—2017 年继续赶超了长沙、武汉和成都。目前仅仅落后于杭州、南京和福州。因此，佛山上市公司总市值在以上几个省会城市中处于中上等水平。

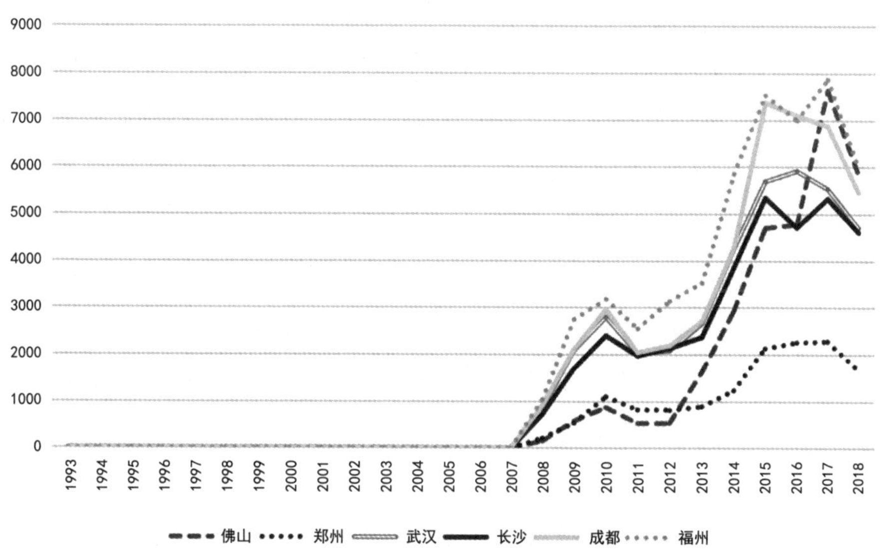

图 6-16　佛山、重庆、郑州、武汉、长沙、南京、成都上市公司总值

三、同级城市上市公司研发支出比较

上市公司的研发支出水平代表了一个公司的研发实力，研发支出的投入越大，未来的发展潜力越大。研发能力是决定一个公司长远发展的内在驱动力。所以，比较佛山上市公司的研发支出水平在全国城市中的地位，有助于我们了解佛山上市公司未来的发展潜力。

为了横向比较佛山上市公司的研发支出总额在全国同级城市中的发展水平和地位，我们选取珠三角 9 市、长三角代表城市、京津冀城市以及各省会城市和佛山做横向对比。

本小节与上一个小节分析框架类似。

（一）佛山与珠三角城市对比

1. 2018 年珠三角城市上市公司研发支出总额对比

以下选择沪深 A 股 2018 年的年度数据做分析。截至 2018 年年底，珠三角 9 市的上市公司研发支出总额排名如下表 6-9 所示。深圳的上市公司研发支出总额为 763.21 亿元，远远领先于排名第 2 的广州 190.45 亿元，是广州的 4 倍多。佛山上市公司研发支出总额为 140.19 亿元，位列广东第 3。之后的排名依次珠海、惠州、中山、东莞、江门和肇庆。这个排名和前面上市公司总市值排名相比，变化不大，但是，惠州进步明显，不再和中山、东莞在一个水平，惠州的研发支出总额达到 74.91 亿元，约为中山和东莞的 3 倍。可见惠州上市公司的研发支出投入占比较大。

表 6-9 2018 年珠三角 9 市上市公司研发支出总额及排名

单位：亿元

城市	深圳	广州	佛山	珠海	惠州	中山	东莞	江门	肇庆
研发支出总额	763.21	190.45	140.19	109.46	74.91	26.07	24.42	14.94	6.92
排名	1	2	3	4	5	6	7	8	9

上市公司的研发支出总额能反映上市公司的研发实力和未来发展潜力，佛山上市公司研发支出总额与 GDP、上市公司的数量地位类似，均处于广东省以及珠三角 9 市当中的第 3 名，仅仅落后于深圳和广州。

2. 1993 年以来珠三角城市上市公司研发支出总额发展趋势对比

上述对比用的是 2018 年的数据。如果要了解佛山上市公司研发支出总额的发展历史，还可以用下图来表示。下图 6-17 是 1993 年开始到 2018 年的珠三角 9 市上市公司研发支出总额的变化趋势以及对比。

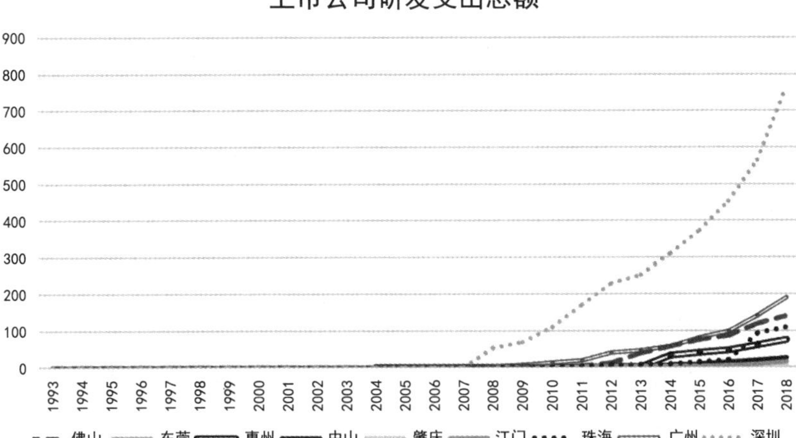

图 6-17 1993—2018 佛山与珠三角 9 市上市公司研发支出总额趋势对比

深圳一枝独秀，遥遥领先。广州比起佛山依然领先，但并无明显优势。我们把佛山所在的区域放大，如图 6-18 所示。

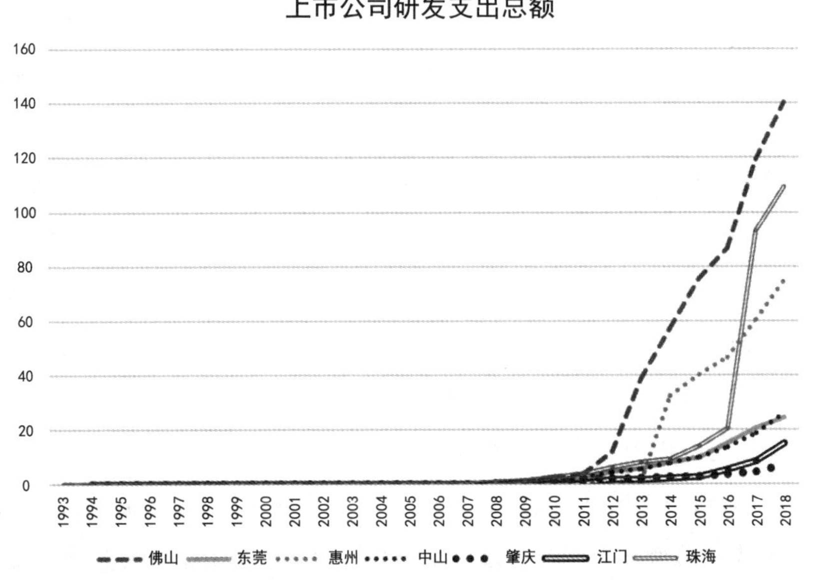

图 6-18 1993—2018 佛山与珠海、惠州等上市公司研发支出总额趋势对比

与佛山市排名最接近的是珠海和惠州。从2011年之前开始，佛山上市公司的研发支出总额只落后于深圳和广州，稳居广东省第3。佛山上市公司研发支出总额的发展与上市公司数量的发展类似，都是在最近10年赶超的珠海，跃居第3。说明佛山上市公司最近10年发展迅猛。

最近10年，惠州的上市公司研发支出增长明显，和惠州的上市公司市值在珠三角垫底相比，惠州的上市公司研发支出总额的排名远远高于总市值，2013—2016年排名第4，2016年之后被珠海赶超，排名第5。和上市公司家数及总市值排名相比，研发支出排名更有优势。说明惠州上市公司在最近10年非常注重研发投入，可以预见未来发展后劲更足。

（二）佛山与长三角城市对比

1. 2018年佛山与长三角城市上市公司研发支出总额对比

再来看佛山与长三角城市的比较。长三角城市群包括：上海，江苏省的南京、无锡、常州、苏州、南通、盐城、扬州、镇江、泰州，浙江省的杭州、宁波、嘉兴、湖州、绍兴、金华、舟山、台州，安徽省的合肥、芜湖、马鞍山、铜陵、安庆、滁州、池州、宣城等26个城市。为了方便比较，本书尽可能选择与佛山市经济能力比较接近的8个城市：杭州、苏州、宁波、绍兴、无锡、常州、温州、徐州。

截至2018年年底，佛山市与长三角八市的上市公司研发支出总额排名如下表6-10所示。杭州的上市公司研发支出总额最高，达到236.15亿元，是佛山140.19亿元的1.68倍，且遥遥领先于其他长三角城市。长三角八市的研发支出总额排名与其上市公司的家数排名无异，只有佛山在其中的研发支出总额排名比家数排名靠前很多。佛山研发支出总额排名第2，家数排名第6。说明佛山上市公司的家数虽然不多，但上市公司的研发支出总额更大，导致研发支出总额排名提升。另外，徐州的上市公司市值排名垫底，可是研发支出总额排名明显超过了常州和温州，温州上市公司的研发支出总额最小，只有6.79亿元。

表 6-10 2018 年佛山与长三角 8 市上市公司研发支出总额及排名

单位：亿元

城市	杭州	佛山	宁波	苏州	绍兴	无锡	徐州	常州	温州
研发支出总额	236.15	140.19	88.50	79.46	57.34	33.16	24.53	20.86	6.79
排名	1	2	3	4	5	6	7	8	9

2. 1993 年以来佛山与长三角城市上市公司研发支出总额发展趋势对比

上述对比用的是 2018 年的数据。如果要了解佛山上市公司研发支出总额的发展历史，还可以用下图来表示。下图 6-19 是 1993 年开始到 2018 年的长三角 8 市上市公司研发支出总额的变化趋势以及对比。

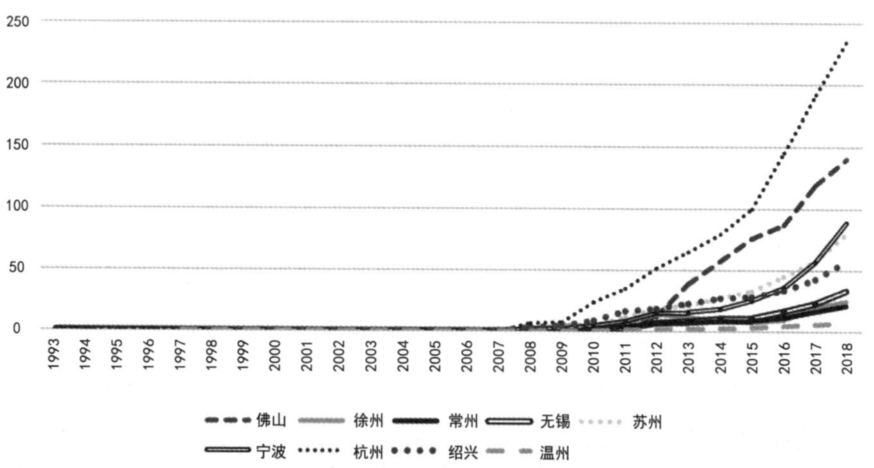

图 6-19 1993—2018 佛山与长三角 8 市上市公司研发支出总额趋势对比

杭州的上市公司研发支出总额，历来遥遥领先。我们把佛山所在的区域放大，与佛山市排名最接近的是苏州、宁波和绍兴，如下图 6-20 所示。

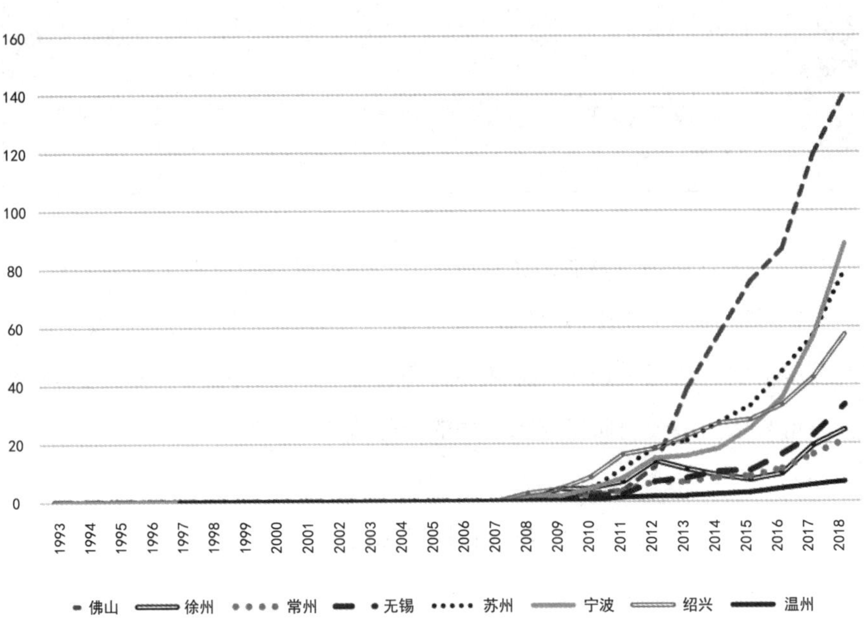

图 6-20 1993—2018 佛山与长三角实力相近城市上市公司研发支出总额趋势对比

佛山在 2012 年之前，上市公司研发支出总额均落后于苏州、宁波和绍兴，从 2013 年开始，佛山上市公司的研发支出总额开始加速上升，开始超过了这 3 个城市。原因在于佛山上市公司中两大巨头：美的集团和海天味业，且他们都是在 2013 年后上市的。美的集团 2013 年 9 月 18 日上市，海天味业在 2014 年 2 月 11 日上市，这两大巨头不仅仅是市值巨头，也是非常注重研发投入的公司，他们加入后，研发支出总额一路飙升，赶超了苏州、宁波和绍兴，以及长三角其他城市，仅仅落后于长三角的杭州。

（三）佛山与一线城市以及“京津冀”城市对比

1. 2018 年佛山与一线城市以及“京津冀”城市上市公司研发支出总额对比

再来看佛山与一线城市以及“京津冀”城市上市公司的研发支出总额对比，如表 6-11 所示。一线城市中，北京上市公司研发支出总额达到 1 855.97 亿元，遥遥领先排名第 1，其次是深圳 763.21 亿元，第 3 是上海 666.21 亿元。佛山明显落后于一线城市。但是在与“京津冀”城市对比时，佛山虽然落后于北京，但是明显领先于天津、石家庄、唐山和保定这些城市。与上市公司数量排名相比，佛山上市公司研发支出总额排名超过了天津，虽然天津有 52 家上市公司，多于佛山的 37 家，但是上市公司研发支出总额为 96.06 亿元，明显落后于佛山的 140.19 亿元。佛山上市公司研发支出总额与“京津冀”城市对比也处于上游水平。

表 6-11 2018 年佛山与一线城市及“京津冀”城市上市公司研发支出总额及排名

单位：亿元

城市	北京	深圳	上海	广州	佛山	天津	石家庄	保定	唐山
研发支出总额	1 855.97	763.21	667.21	190.45	140.19	96.06	54.70	47.80	12.35
排名	1	2	3	4	5	6	7	8	9

2. 1993 年以来佛山与一线城市以及“京津冀”城市上市公司研发支出总额发展趋势对比

上述排名使用的是 2018 年的数据。如果要了解佛山与上述城市的趋势对比，我们使用 1993—2018 年的数据。下图 6-21 是 1993 年开始到 2018 年的佛山与一线城市及“京津冀”城市上市公司研发支出总额的变化趋势以及对比。

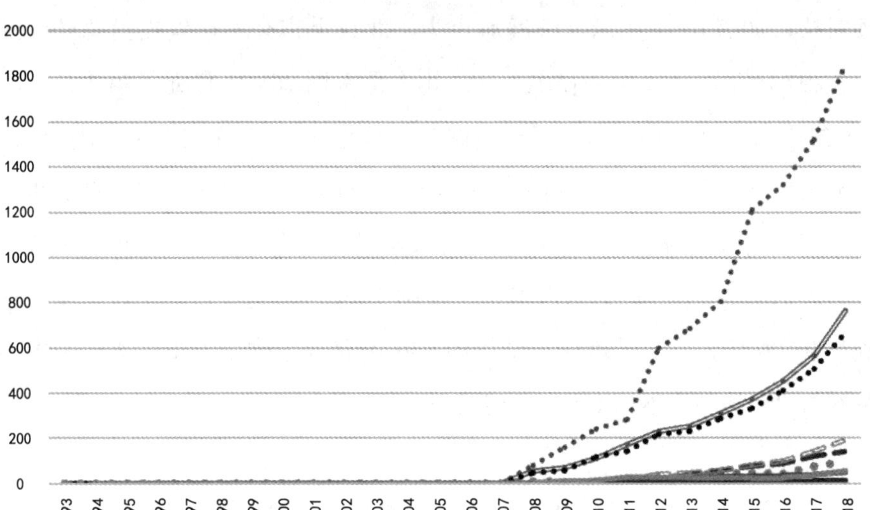

图 6-21 1993—2018 佛山与一线城市以及“京津冀”城市上市公司研发支出总额趋势对比

一线城市中，毫无悬念的是北上广深，遥遥领先。再往下就是佛山，天津排在佛山之后，而领先于其他“京津冀”城市，如石家庄、保定和唐山。我们把佛山所在的区域放大，与佛山市排名最接近的是天津、石家庄、保定和唐山，如下图 6-22 所示。

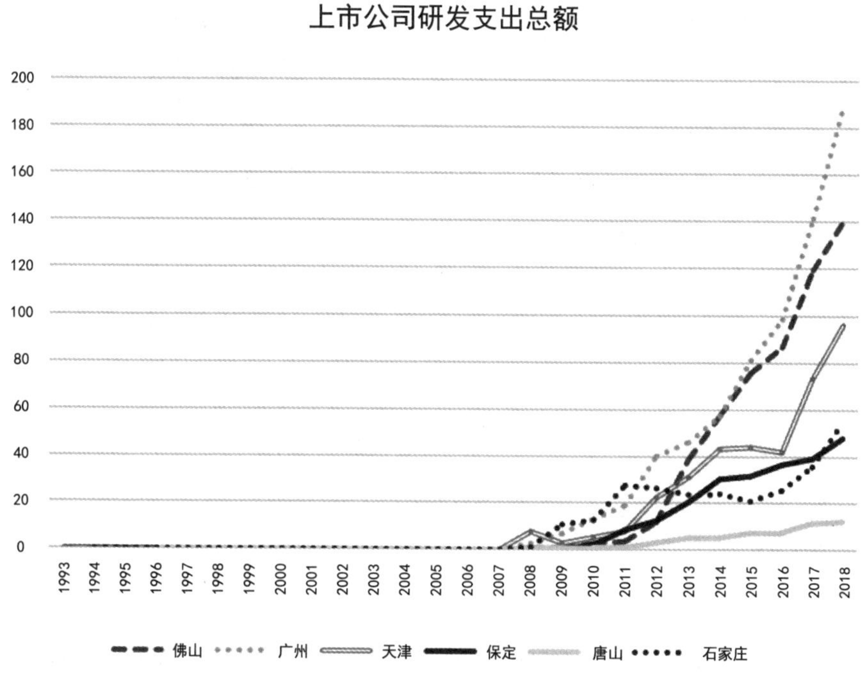

图 6-22 1993—2018 佛山与实力相近城市上市公司研发支出总额趋势对比

2013 年之前，佛山上市公司研发支出总额落后于天津，而在 2012 年之前，甚至落后过保定和石家庄，2012 年之后，开始把保定、唐山和石家庄甩在身后，在 2016 年又赶超了天津。“京津冀”城市中除了北京之外，其他城市上市公司研发支出总额的实力都不如佛山。这里的排名规律，和前面上市公司市值排名规律类似。

（四）佛山与各大省会城市对比

1. 2018 年佛山与各大省会城市上市公司研发支出总额对比

最后来看佛山与各大省会城市上市公司研发支出总额的对比，如表 6-12 所示。为了方便比较，本书尽可能选择与佛山市经济能力比较接近的相对发达的 7 个城市：杭州、南京、成都、武汉、长沙、福州、郑州。

截至2018年年底，佛山市与上述省会城市上市公司研发支出总额排名如下表所示。上述省会城市中，还是杭州的上市公司研发支出总额最高，达到236.15亿元，排名第2是佛山，有140.19亿元，高于南京的131.42亿元。佛山的上市公司市值低于南京，但研发支出总额排名高于南京。其他几个省会城市，基本处于相同水平，如成都、武汉和长沙，这3个城市的上市公司研发支出总额都处于80亿元左右的水平，只有郑州和福州最落后，上市公司研发支出总额只有不到50亿元，明显落后其他省会城市。

由本章第一节的分析可知，佛山的上市公司数量为38家，仅仅领先于郑州的24家，而从研发支出总额排名看，佛山排名第2，超过了南京、成都、武汉和长沙。

表6-12 2018年佛山与各大省会城市上市公司研发支出总额及排名

单位：亿元

城市	杭州	佛山	南京	武汉	成都	长沙	福州	郑州
研发支出总额	236.15	140.19	131.42	100.53	77.82	74.29	48.24	47.29
排名	1	2	3	4	5	6	7	8

2. 1993年以来佛山与各大省会城市上市公司研发支出总额发展趋势对比

上述排名使用的是2018年的数据。如果要了解佛山与上述城市研发支出总额的趋势对比，我们使用1993—2018年的数据。下图6-23是1993年开始到2018年的佛山与各大省会城市上市公司研发支出总额的变化趋势以及对比。

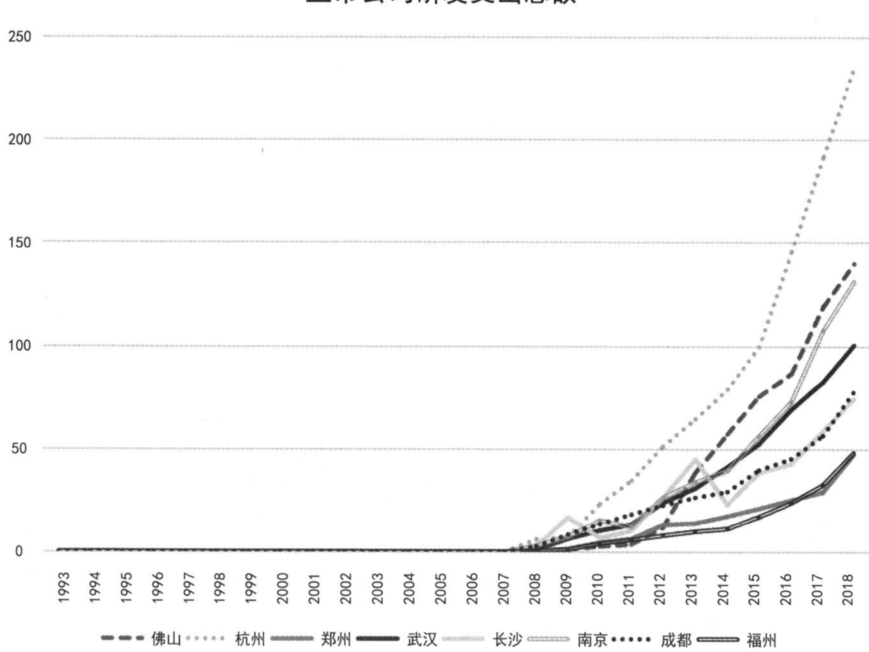

图 6-23 1993—2018 佛山与各大省会城市上市公司研发支出总额趋势对比

我们把佛山所在的区域放大，与佛山上市公司研发支出总额排名最接近的是成都、武汉和长沙，如下图 6-24 所示。佛山在 2013 年之前，一直垫底，落后于这几个城市，甚至落后于郑州，从 2012 年开始赶超郑州，2013—2014 年继续赶超了南京、福州、长沙、武汉和成都。目前仅仅落后于杭州。因此，佛山上市公司研发支出总额在省会城市中处于领先水平。

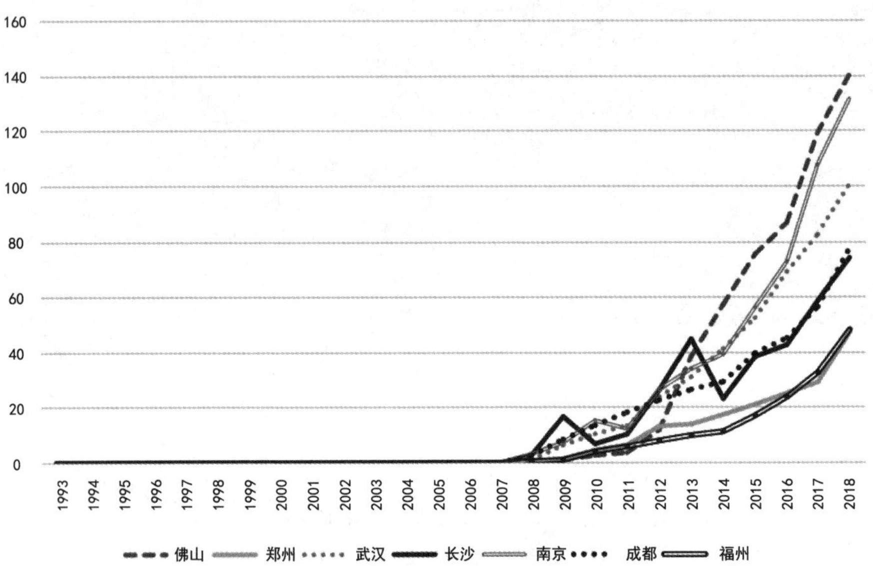

图 6-24 佛山等上市公司研发支出总额趋势对比

（五）上述所有城市上市公司的研发支出均值排名

前面都是按照城市为分析单位，用城市内的上市公司研发支出总额进行比较，这在某种程度上忽视上市公司数量带来的影响。本小节探讨每个城市的上市公司研发支出均值，即上市公司研发支出总额除以上市公司数量之后得出的均值大小，能反映该城市上市公司研发投入的平均水平。

表 6-13 2018 年佛山与各大城市上市公司研发支出均值及排名

单位：亿元 / 家

城市	北京	惠州	保定	珠海	石家庄	佛山	徐州	深圳	上海
均值	6.87	6.81	5.98	4.56	3.91	3.79	3.50	3.05	2.99
排名	1	2	3	4	5	6	7	8	9
城市	重庆	郑州	武汉	江门	广州	天津	杭州	南京	长沙
均值	2.41	2.36	2.28	2.13	2.12	2.00	1.98	1.88	1.77
排名	10	11	12	13	14	15	16	17	18
城市	宁波	中山	福州	唐山	绍兴	苏州	成都	东莞	肇庆
均值	1.67	1.45	1.38	1.37	1.37	1.35	1.34	1.02	0.99
排名	19	20	21	22	23	24	25	26	27
城市	无锡	温州	常州	-	-	-	-	-	-
均值	0.90	0.62	0.61	-	-	-	-	-	-
排名	28	29	30	-	-	-	-	-	-

以 2018 年底的数据为例，上表 6-13 展示的是各个城市上市公司研发支出的均值，即平均而言每家上市公司的研发投入。排名第 1 的是北京，北京市平均每家上市公司的研发投入高达 6.87 亿元。其次是惠州排名第 2，平均每家上市公司的研发投入为 6.81 亿元。北上广深的研发支出排名，和前面的总市值、总数量排名相比，变化较大。深圳的每家上市公司的研发支出均值为 3.05 亿元，排名第 8，上海 2.99 亿元，排名第 9，广州 2.12 亿元，排名 14。这里可以看到，与上市公司市值和上市公司家数的地位相比，有不少城市上市公司的研发支出均值排名更高。比如惠州、保定、珠海、石家庄和徐州，他们的总市值排名是落后的，可是研发支出均值排名非常靠前，说明这几个城市很注重研发，很有发展潜力。佛山上市公司研发支出均值排名第 6，佛山市的上市公司市值、家数以及经济总量排名，说明佛山上市公司的研发意识较强，未来的发展潜力较大。

第七章　推动佛山上市公司发展的政策建议

一、政府对上市公司的扶持政策

（一）政府扶持公司上市的必要性

1. 政府扶持企业上市的动因

从 1994 年后的地方政府关系来看，金融体制改革赋予了地方当局巨大的权力和财政权力，地方当局已成为其管辖范围内公共经济的实际管理者。尽管地方当局有权进行改革和创新，但也由此建立了较为激烈的竞争机制。由于资源有限等不可避免的因素，地方当局之间存在着越来越激烈的竞争，纷纷为了促进某一地区的经济发展而激烈争夺数量并不充裕的资源。上市公司可以通过筹集资金促进资本市场的发展，这意味着地方当局拥有更多的资本要素，从而极大限度上促进当地经济的成长，因此地方政府逐渐将推动公司上市变成一项重要任务。

从地方政府职能的角度来看，地方政府负责组织经济、管理社区、监控市场和提供公共服务。在社会治理和经济发展领域，地方当局必须通过吸引更多的生产要素来鼓励和支持当地企业上市，以便从中获得更多的资源，有助于地方当局改善区域经济发展和人民生活水平。上市公司的资本可以在全国范围内用于加速发展和提高竞争力，从而促进当地产业的发展。关于向企业提供服务，地方当局还负责鼓励地方企业改善其组织结构，建立和改进公司治理结构，帮助企业创造有利的发展环境（罗玛，2018）。这还包括在上市过程中为公司提供良好的服务和创造良好的环境。因此，地方政府鼓励公司上市也是他们自己的责任。

2. 政府扶持公司上市的必要性

（1）规划功能

地方政府的职能对区域经济的发展起着积极的作用，这体现在区域经济的特点上。政府能够根据实际情况实施总体规划，制定总体目标和原则，监督各方的执行情况，并充分理解和协调相关宏观层面的问题，突出重点。政府重要作用之一是为一些难以解决的问题提供有效的解决方案，这些问题包括土地、资金、税收和其他未解决的问题，特别是公司资金的缺乏，这只能由政府解决。因此，政府应寻求提高决策能力，增加对这些企业的支持，提供公共政策支持，并为企业的快速发展提供相应的支持。

（2）协调功能

地方当局应拟定一份业务清单，通过有效沟通以便加强协调能力，并积极动员相关行为者比以往更加积极、更加高效地推进现有项目。在对相关问题进行深入分析之前和之后，上市公司自身也应当不断提高服务水平，让各部门形成合力，充分发挥政府的作用，特别是在共享资源和沟通信息方面，以便促进公司更快地成长、发展、壮大。

（3）整合功能

地方政府应了解上市公司的规模，通过政府“有形的手”的有效整合，利用其资源和渠道，充分利用资源，这也是政府职能的顶层。品牌企业的不同部分应该积极进行结合和完善，根据不同行业的产业结构特点选择更多成熟的企业，这样可以在市场上显示出更明显的优势，帮助企业彻底改进，达到上市公司的标准和要求。

（4）造势功能

地方政府应努力创造良好的外部环境，这也是政府最重要的职责之一。媒体和舆论应充分发挥宣传和政策引导作用，一方面显示政府对企业的关心与帮扶，另一方面也可以让企业更加地对市场充满信心，从而形成一个相对良好的融资环境，使得上市公司能够更加顺利地成长与发展。同时，当地政府应积极开展一些培训和研究活动，以使股票市场和资本市场获取更多信息，并向公司甚至上市公司传播信息。打破传统观念的限制是政府应该做的事情。同时，上市公司需要披露其业绩，使其更加自信和负责任。从这些方面来看，社交网络在某种程度上有助于公司实现目标。

（5）监督职能

地方政府必须控制上市公司的整个运作过程，包括对经纪人和组织的监督。进入市场时，公司尽管可以以较短的时间从资本市场获得大量的资本，但是资本规模的急剧扩大可能会引发贿赂和共谋等问题的产生。因此，地方政府应关注上市公司资本规模扩大的过程。同时，由于经纪人也参与了这些问题，政府必须对经纪人实施强制性规定，以便他们能够为公司提供优质服务。此外，地方政府的监督职能可能反映在对组织管理层的监督中，监督他们更好地履行自己的职能，鼓励他们引领企业迈上更高的台阶。

表 7-1 为政府扶持企业上市功能定位表。

表 7-1 政府扶持企业上市功能定位表

功能类型	主要措施
规划功能	针对区域性规划提出相应的目标、思路与措施
协调功能	组建专职服务机构，对部门进行协调
整合功能	针对周边资源实施整合，有效促进上市企业实施兼并与重组
造势功能	增强宣传的范围与力度，优化企业上市环境
监督功能	构建持续监管机制，有效保障相关者利益

（二）政府扶持企业上市的主要形式

归纳来看，目前地方政府扶持企业上市的方式主要可以概括为改善上市公司的组织结构、建立有关制度、出台扶持政策、优化服务环境四个方面（罗玛，2018）。

1. 改善上市公司的组织结构

目前，有两个部门与上市公司密切相关，一个是地方证券监管局，另一个是地方金融主管部门。除此之外，有的地方政府成立的企业上市工作领导小组某种程度上也发挥了一定作用。

（1）地方证券监管局。中国证监会在各省、自治区、直辖市和计划单列市设立了36个证券监管局作为其代表。证券监管局根据中国证监的许可，监督其管辖范围内的上市公司、证券、期货和相关业务机构的业务活动（罗玛，2018），调查和处理其管辖范围的不合规情况。然而，在实际的实践中，包括促进与地方政府的联合管理和合作，因此对上市公司存在积极作用。

（2）地方金融主管部门。目前，大多数地方金融主管部门是代表地方政府负责金融监管、协调、服务等工作内容，其中一项工作就是公司上市（罗玛，2018）。金融办应负责向其管辖范围内的上市公司提供所有的服务，包括但不仅仅是研究和制定鼓励公司上市的政策措施以及在其管辖范围内有上市计划的企业，为他们提供适当的培训和指导。

（3）企业上市工作领导小组。一些地方当局成立了一个指导小组或类似的非政府组织，以促进其管辖范围内公司上市的工作，通常是主要的地方当局或总干事、集团管理层等，负责审查和制定上市公司总体规划、其管辖范围内公司的总体规划和主要公共政策措施，以促进上市公司（通常是地方政府的上市公司）的工作。

2. 建立健全企业上市工作制度

（1）为上市公司创建上市工作联席会议制度。协调和加强公司上市的过程涉及许多部门和问题，建立“一事一谈”、联席会议制度等措施有助于进一步提高上市公司效率，并加强复杂商业问题的解决。此外，一些地方当局还采用了地方政府与重要的上市公司建立联系的制度，上市公司的管理人员与重要的地方政府管理人员保持联系，山东省、福建省、黑龙江省、南京市、温州市等多个地方政府都建立了相关制度。

（2）把公司上市纳入对下级政府的评估。在许多地方，为了增加下级政府对上市公司的兴趣，他们将上市公司视为对下级地方政府评估工作的一部分。例如，中国东部安徽省的合肥市和宁波市在第 90 号文件（2015 年）中明确表示（罗玛，2018），省政府将在评估每个城市的管理绩效时纳入资本市场，上市标准就是其中最重要的评价指标之一。宁波表示，将根据宁波上市公司的目标任务，在每个地区划分任务，对每个区的目标任务进行评估和监测，并将完成的目标任务通知每个区域，提前完成目标任务的地区在考核时分配适当分数。

3. 出台扶持政策

为了鼓励公司上市，地方当局通常会采取一些公共政策措施，加强对公司的支持，降低上市公司的成本和风险。最常见的政策措施总结如下：

（1）对公司实行税收优惠政策。2014 年年底之前，地方当局在企业税收激励政策方面拥有一定程度的自主权，在这一阶段，他们通常通过纳税申报表提供支持，并给予部分税收激励，如税收优惠和其他手段等。2014 年 12 月 09 日，国务院出台国发（2014）62 号档，开始规范地方政府税收等优惠政策（连家明，寇明风，成丹，2017），地方当局对上市公司在税收方面的支持通常反映在现行税收优惠政策的实施中。

（2）提供奖励或补贴。在上市过程中，公司必须为改革控股系统、聘请证券经纪人等支付高额费用。因此，市政府通过向公司提供经济激励或补贴来降低上市成本。通常有两种形式的资本激励：第一种是在不同阶段向上市公司直接提供激励，例如完成股份制改革，向联合体提交首次成功实施上市材料的提案和报告，或者企业上市之后可以获得一次性奖金。第二种是对企业在上市过程中由于聘请中介机构而产生的高额费用进行部分补贴。

(3) 政府基金投入。由于上市公司金融资金使用的标准化，过去十年来，政府股票基金在上市过程中发挥了越来越重要的作用。特别是，政府设立的股票基金在市场上运作，在加强上市公司和简化公司流程方面发挥了良好作用。上市过程中的战略投资者不仅可以改善股权结构和融资渠道，还可以帮助公司投资者更好地上市并获得与市场上其他公司战略投资者相同的经验。一方面，政府投资的股票基金熟悉该地区公司的生产活动，可以更好地支持上市公司；另一方面，它可以吸引社会资本进行投资或共同参与，以提高金融资本的使用效率。

4. 优化服务环境

上市公司是涉及多个政府机构的系统工程，特别在改革缴款和尽职调查制度时，地方当局和相关技术部门必须审查相关问题，颁发相关证书或处理适当程序。对于普通公司，相关政府部门必须出具各种证明不存在非法活动的文件，并收集投资项目以供审查和批准。与重组后的国有公司和集体所有公司一样，国有资产和集体资产需要进行改革，以形成股份的合法性。因此，在支持上市公司的过程中，地方政府的重要任务之一就是为上市公司提供政府支持服务。2016 年，贵州省发布了“八项应纳税条款”，包括省级主管部门的担保政策应提供财政支持，以增加对储备省份上市公司的信贷。

（三）佛山政府对企业上市的扶助内容

2008 年，佛山市人民政府印发《佛山市金融业发展规划（2008—2015）的通知》。其中明确要打造“佛山板块”，推动资本市场的快速发展。

首先，必须加快公司上市的步伐，力争在 3 ～ 5 年内获得一批优质公司，增强佛山上市公司的实力，扩大“佛山板块”的影响力。在全市范围内积极推动产业政策，以大规模满足国家需求并获得良好效益，积极支持电子信息、生物工程和新材料等上市公司，支持有能力的公司企业境外上市。

其次，积极完善公司治理结构。公司应继续完善公司治理结构，建立现代企业制度。建立上市公司跟踪管理机制，引入强有力的执法机构协助上市公司，及时分析上市公司的报表等相关信息，制定科学的上市计划（丁鸿雁，2003）。

再次，提高上市公司质量，寻求再融资，努力让上市公司提升公司的治理水平，大规模提升管理水平，从而为公司带来高质量、高效率的经济效益。基于佛山强大的经济基础，上市公司的发展可与许多具有本地和国际竞争力的公司相结合（陈峥嵘，王娟，郭梁，2009），以支持和鼓励主要行业的上市公司，促进佛山和佛山基础产业的发展，以寻求在资本市场发展方面取得更加重大的突破。

最后，特别要加快发展风险投资基金、产业投资基金和担保基金，发挥引导和利用政府资金的作用，形成佛山新的资本力量，加快发展和调动企业民间资本，促进民间融资。努力建立或引进一批风险投资机构和产业基金，推动担保基金模式创新，力争在五年内使佛山成为当地投资资本和产业基地，从而为许多公司在资本市场上市提供服务。可以设立佛山产权交易市场，如建立多层次资本市场体系，重点关注佛山中小企业和科技机构的产权转让和技术交易、管理咨询、并购等服务，加强产权流动，改善资源配置（黎一阳，2007）。

为进一步推动企业上市，根据《佛山市人民政府办公室关于印发佛山市促进企业上市三年行动计划（2016—2018年）》中提到，为进一步加大工作力度，推动用资本市场实现跨越式发展，当前的主要任务有五项。

1. 建立上市后备企业资源库

建立统一的“三库一平台”（企业资源库、专业机构库、专家库和网上信息平台），实现信息互联互通，使各区人民政府和有关部门能够全面了解我市上市后备企业情况，有计划地组织上市培育，同时便于企业了解改制上市有关政策法规和程序，便于中介机构和企业沟通、咨询和磋商。定期对全市企业进行调查摸底，筛选出符合国家产业政策、盈利能力较强、科技含量较高、成长性较好、有上市意愿的企业。对上市后备企业资源库实行动态管理，每年根据综合评价情况淘汰一批、吸收一批，使企业数量保持在500家左右。

2. 梯次推进企业改制上市

各区政府要根据企业自身的特点和需求，科学引导企业上市。对已进入上市辅导期的企业，加强与相关机构的沟通联系，监督提高工作质量，及时解决工作中的问题；对已与中介机构正式签约并实质启动上市工作的企业，指导企业及时与机构共同制订上市工作计划和股改方案，做好改制工作，对照发行上市要求梳理问题清单，针对各个问题提出合理解决方案；对初具上市条件的企业，指导企业搭建内部上市工作班子，帮助引荐优质中介机构，尽快启动上市工作计划，引导企业做好产品研发、项目储备、财务管理等基础性工作，为上市工作打好基础。

3. 增进企业与中介机构的交流合作

政府应当通过论坛形式与银行、会计、法律、担保、咨询、资产评估和其他中介机构积极沟通，交流企业上市过程中可能会出现的问题，及时地为公司和经纪人之间的沟通创造机会，要及时关注上市公司的需求，通过与其他机构的交流合作最大限度地帮助上市公司解决问题，坚持合作交流原则，绝不“闭门造车”。企业在与中介机构进行交流的过程中，要注意结合企业自身的发展阶段与需求合理寻求机构的帮助，力争以最高效的方式解决企业发展过程中的问题。

4. 构建企业上市服务体系

各区、各县以及各镇（街道）应加强与各类交易场所的对接联系，建立常态化沟通联络机制，定期拜访上级证监部门和金融管理部门，积极争取上级部门和交易所对我市企业改制上市的指导和支持，为企业提高上市率创造机会，努力为企业上市创造更好的外部条件，构建更加完善的服务体系。企业也应尽可能最大限度地利用该体系解决自身在上市过程中遇到的问题，提高企业的生产经营效率。

5. 加强企业上市宣传培训

市财政局与国内外证券交易所和经纪人的相关部门应密切合作，从不同角度在不同层面以不同形式开展培训和学习活动，以提高企业家对市场的认识，提升他们管理企业的水平。同时也要增强高级管理人员的实际操作能力，以及政府雇员指导业务的能力，及时报告资本市场的最新政策和趋势，交流来自上市公司工作经验，增强上市公司的热情和主动性，加快现有重组步伐。

二、发挥佛山上市公司对区域经济促进作用的建议

鉴于上市公司对地区经济发展的种种利好，如何平衡好上市公司数量（上市公司数量占比）以及上市公司质量（投融资回报率）的关系，进而充分挖掘佛山上市公司对于区域经济的促进作用与潜力呢？综合前文所述，目前佛山上市企业对区域经济的促进作用没能完全发挥，主要有以下几方面的原因。

（1）上市公司价值与地区经济实力相对错位。回顾截至 2018 年，全国 GDP 及上市公司数量可以看到，与佛山 GDP 相近的郑州、泉州等城市 A 股上市公司总数却不及佛山，而与佛山上市公司数量相当的青岛、无锡等城市的 GDP 价值却在佛山之上，这一定程度上说明佛山由上市公司为当地区域经济增长的贡献存在错位，未来依然有很大的成长空间。同时，也可

以看到佛山上市企业中以中小型企业为主，对当地的经济辐射带动作用不明显。表 7-2 为截至 2018 年全国部分城市上市公司基本情况。

表 7-2 截至 2018 年全国部分城市上市公司基本情况

序号	城市	GDP 亿元	主板	创业板	中小板	科创板	A 股上市公司总数	2018 新三板
1	上海	32679.87	212	48	31	14	305	41
2	北京	30320	173	107	54	13	347	40
3	深圳	24221.98	79	94	120	7	300	21
4	广州	22859.35	41	30	35	3	109	22
5	重庆	20363.19	40	5	8	0	53	9
6	天津	18809.64	35	8	9	2	54	15
7	苏州	18597.47	28	17	21	6	72	12
8	成都	15342.77	32	26	19	0	77	13
9	武汉	14847.29	34	17	7	2	60	7
10	杭州	13509.15	62	44	34	5	145	6
11	南京	12820.4	57	20	11	2	90	6
12	青岛	12001.52	19	6	9	1	35	9
13	无锡	11438.62	20	13	7	1	41	6
14	长沙	11003.41	26	14	11	1	52	10
15	宁波	10745.46	43	13	9	1	66	6
16	郑州	10143.32	12	8	5	0	25	8
17	佛山	9935.88	10	10	17	1	38	4
18	泉州	8467.98	5	1	1	0	7	1
19	南通	8427	11	2	10	0	23	4
20	西安	8349.86	22	9	4	2	37	9

（2）上市公司数量与生产规模不相适应。区域经济的发展与上市公司的潜力应该是相辅相成、互相促进的。尽管佛山制造业较为突出，但每百亿生产总值所含上市公司数量平均下来只有 0. 14 家。这说明佛山板块上市公司数量相对于佛山产业规模来说依旧薄弱，规模小且相对分散，缺少龙头企业形成的行业聚集效应，缺乏技术创新与品牌影响带来的竞争优势。

（3）市场观念引导作用薄弱，不愿上市。企业不想上市的原因众多，如：地方企业家观念传统，不想走出舒适区；或者认为上市给公司带来的收益不一定乐观；或者不愿意因为上市导致股权和控制权的减少；另外，也有企业因为不想披露财务信息而放弃上市。种种原因，导致了企业最终上市欲望低。表 7-3 为 1993—2018 年佛山每百亿产值含上市公司数。

表 7-3 1993—2018 年佛山每百亿产值含上市公司数

年份	每年新增	GDP（百亿）	每百亿产值含上市公司数
2018	2	99.36	0.02012907
2017	33	95.50	0.34556423
2016	40	86.30	0.46349942
2015	34	80.04	0.42479186
2014	14	74.42	0.18813158
2013	2	70.10	0.02852998
2012	3	66.13	0.04536505
2011	4	62.10	0.06440985
2010	3	56.52	0.05308306
2009	4	48.21	0.08297206
2008	2	43.78	0.04567983
2007	1	36.60	0.02732106
2006	2	29.84	0.06702638
2005	0	24.29	0
2004	1	36.60	0.02732106

续表

年份	每年新增	GDP（百亿）	每百亿产值含上市公司数
2003	0	15.78	0
2002	1	13.29	0.07527003
2001	0	11.89	0
2000	3	10.50	0.28561092
1999	1	8.34	0.11993428
1998	0	7.83	0
1997	0	7.25	0
1996	0	6.37	0
1995	1	5.46	0.18318708
1994	1	4.36	0.22914757
1993	3	3.47	0.86440385

对此，本书给出如下两点建议：

（1）提高佛山地区上市公司数量，同时做大做强地区优势企业，发挥其示范与带动作用。从前文对佛山当地上市公司行业与产业的分析可以看出，佛山的优势企业主要集中于家电、建筑陶瓷等制造类产业，因此佛山可以在以后的发展中更加重视优先培育与发展这几种类型的企业，运用政策指导更多企业转变观念，进入资本市场，并鼓励扶持其上市。

（2）引导转变地区上市公司发展模式，积极调整产业结构，提升上市公司质量，做产业价值链的高端并努力提高收益。在这一方面，上市公司应该充分调动主观能动性，努力将相对低端的生产加工环节向研究开发、品牌营销方向转变。同时，由于上市可以带动当地投融资额。进而提升企业盈利能力，吸引企业与地区再融资，其中任何对上述三样要素的阻碍都可能造成这一良性循环的放缓甚至终止，如未能合理选择上市地点或模式、资本市场环境不健全、退市风险高、政策引导不明确等。因此，除了提高上市公司数量，也应该关注公司在上市后能否兼顾长期社会经济利益，才能实现上市公司与区域经济发展的良性互动。

后　记

上市公司的数量和质量是衡量一个城市经济实力的重要指标。佛山是国内外闻名的制造业大市，也是国家制造业转型升级综合配套改革试点，因此，佛山的上市公司以制造业企业居多。佛山上市公司的发展情况，不仅是佛山城市综合经济实力的风向标，一定程度上也反映出中国制造业转型升级的成效。本书认真梳理了佛山上市公司的发展历程，对佛山上市公司的盈利能力、治理结构和科技创新能力进行了深入的分析，并与国内同类城市进行比较。在此基础上，提出了相关的帮扶政策建议。

本书使用的数据均已表明采集时间，论点和结论也仅限于学术探讨。由于作者水平有限，疏漏之处在所难免，敬请读者指正。

本书撰写过程中，陆彦、胡莹、刘冠良、王佳佳和王寒琼等几位研究生先后参与资料的收集整理和定稿排版等工作，付出了辛勤的劳动，在此也向他们表示诚挚的谢意。

作者

2023 年 6 月

附　录

附录1：佛山A股上市公司名录

序号	证券代码	证券简称	上市日期	市值（亿元）	行政区
2	000533.SZ	顺钠股份	1994-01-03	32.40	顺德区
3	200541.SZ	粤照明 B	1995-08-08	83.75	禅城区
4	000921.SZ	海信家电	1999-07-13	171.58	顺德区
5	000973.SZ	佛塑科技	2000-05-25	49.82	禅城区
6	600323.SH	瀚蓝环境	2000-12-25	171.06	南海区
7	600499.SH	科达制造	2002-10-10	468.71	顺德区
8	002054.SZ	德美化工	2006-07-25	45.42	顺德区
9	002076.SZ	ST 雪莱	2006-10-25	14.31	南海区
10	002260.SZ	*ST 德奥	2008-07-16	8.35	南海区
11	002291.SZ	星期六	2009-09-03	181.60	南海区
12	002295.SZ	精艺股份	2009-09-29	17.64	顺德区
13	300004.SZ	南风股份	2009-10-30	32.98	南海区
14	002446.SZ	盛路通信	2010-07-13	55.02	三水区
15	002449.SZ	国星光电	2010-07-16	66.67	禅城区
16	002543.SZ	万和电气	2011-01-28	56.29	顺德区
17	300173.SZ	福能东方	2011-02-01	48.27	禅城区
18	002611.SZ	东方精工	2011-08-30	74.32	南海区
19	002666.SZ	德联集团	2012-03-27	41.79	南海区
20	002670.SZ	国盛金控	2012-04-16	185.77	顺德区
21	002676.SZ	顺威股份	2012-05-25	31.54	顺德区

续 表

序号	证券代码	证券简称	上市日期	市值（亿元）	行政区
22	000333.SZ	美的集团	2013-09-18	5155.82	顺德区
23	002705.SZ	新宝股份	2014-01-21	204.20	顺德区
24	603288.SH	海天味业	2014-02-11	4427.84	禅城区
25	300417.SZ	南华仪器	2015-01-23	16.61	南海区
26	300415.SZ	伊之密	2015-01-23	99.75	顺德区
27	300464.SZ	星徽股份	2015-06-10	29.42	顺德区
28	300599.SZ	雄塑科技	2017-01-23	37.10	南海区
29	300619.SZ	金银河	2017-03-01	73.80	三水区
30	300629.SZ	新劲刚	2017-03-24	39.90	南海区
31	603725.SH	天安新材	2017-09-06	17.07	禅城区
32	300720.SZ	海川智能	2017-11-06	26.09	顺德区
33	002911.SZ	佛燃能源	2017-11-22	105.86	禅城区
34	002918.SZ	蒙娜丽莎	2017-12-19	118.76	南海区
35	002922.SZ	伊戈尔	2017-12-29	60.18	南海区
36	300737.SZ	科顺股份	2018-01-25	187.06	顺德区
37	603348.SH	文灿股份	2018-04-26	153.13	南海区
38	002959.SZ	小熊电器	2019-08-23	99.92	顺德区
39	688268.SH	华特气体	2019-12-26	108.24	南海区
40	003039.SZ	顺控发展	2021-03-08	191.62	顺德区
41	688662.SH	富信科技	2021-04-01	37.50	顺德区
42	688683.SH	莱尔科技	2021-04-12	36.50	顺德区
43	300978.SZ	东箭科技	2021-04-26	76.34	顺德区
44	001202.SZ	炬申股份	2021-04-29	24.00	南海区
45	301018.SZ	申菱环境	2021-07-07	63.55	顺德区
46	001212.SZ	中旗新材	2021-08-23	29.30	高明区
47	688173.SH	希荻微 -U	2022-01-21	0.00	南海区

资料来源：根据Wind数据整理，截至2021年12月31日。其中，2000年7月6日上市的“粤华包B”已经于2021年7月21日退市。

附录2：佛山境外上市公司名录

序号	证券简称	上市地点	上市时间	退市时间	行业
1	中国中药	香港联交所	1993-04-07	-	医药
2	威灵控股（退市）	香港联交所	1993-12-20	2017-11-09	家电
3	海信科龙家电	香港联交所	1996-01-01	-	家电
4	鹰牌陶瓷（退市）	新加坡证券交易所	1999-02-08	2010-08-18	陶瓷
5	亚细亚陶瓷（退市）	新加坡证券交易所	1998-01-01	2010-04-01	陶瓷
6	南方包装	新加坡证券交易所	2004-11-12	-	机械
7	碧桂园服务	香港联交所	2007-01-01	-	房地产
8	碧桂园	香港联交所	2007-04-20	-	房地产
9	兴发铝业（退市）	香港联交所	2008-03-31	2017-03-22	建材
10	志高控股	香港联交所	2009-07-13	-	家电
11	中国联塑	香港联交所	2010-06-23		建材
12	亚洲陶瓷控股有限公司（退市）	英国伦敦证券交易所另类投资市场	2010-09-01	2016-03-29	陶瓷
13	中国恒泰集团	香港联交所	2011-01-12	-	服饰
14	大自然家居	香港联交所	2011-05-26	-	家居

续 表

序号	证券简称	上市地点	上市时间	退市时间	行业
15	东鹏陶瓷（退市）	香港联交所	2013-01-01	2016-06-22	陶瓷
16	美的置业	香港联交所	2013-09-18	-	家电
17	中国金融发展	香港联交所	2013-11-13	-	金融
18	冠中地产	香港联交所	2015-01-01	-	房地产
19	中国顺客隆	香港联交所	2015-09-10	-	日用品
20	中盈盛达融资担保	香港联交所	2015-12-23	-	金融
21	普福斯节能元件	香港联交所	2016-10-07	-	半导体
22	煜荣集团/莱利达工程设备有限公司	香港联交所	2017-01-11	-	机械
23	博实乐	纽约证券交易所	2017-05-18	-	教育
24	万成金属包装	香港联交所	2017-07-18	-	建材
25	德宝集团控股	香港联交所	2017-10-27	-	美妆
26	云米科技	美国纳斯达克	2018-01-01	-	家电

资料来源：根据 Wind 数据整理，截至 2018 年 12 月 31 日。

附录3：佛山新三板上市公司名录

序号	证券代码	证券简称	上市日期	行政区
1	834029.OC	中筑天佑（退市）	2015-11-04	南海区
2	430707.OC	欧神诺（退市）	2014-04-25	三水区
3	871599.OC	蓝海豚	2017-06-08	顺德区
4	836242.OC	顺控发展（退市）	2016-03-11	顺德区
5	836774.OC	科立工业	2016-03-31	三水区
6	831197.OC	雅洁源	2014-10-15	南海区
7	830841.OC	长牛股份	2014-07-08	南海区
8	831025.OC	万兴隆	2014-08-14	南海区
9	836807.OC	奔朗新材	2016-04-20	顺德区
10	833761.OC	科顺防水（退市）	2015-10-15	顺德区
11	832014.OC	绿之彩	2015-02-25	顺德区
12	830949.OC	中窑股份	2014-08-01	南海区
13	838617.OC	威林股份（退市）	2016-08-11	顺德区
14	838020.OC	科德科技	2016-07-27	顺德区
15	830781.OC	精鹰传媒	2014-06-04	禅城区
16	836134.OC	京华新材	2016-03-16	顺德区
17	837455.OC	邦盛北斗	2016-05-16	禅城区

续 表

序号	证券代码	证券简称	上市日期	行政区
18	839229.OC	欣源股份	2016-09-22	南海区
19	835619.OC	中研非晶（退市）	2016-01-14	南海区
20	839920.OC	联佳股份	2016-11-17	顺德区
21	838925.OC	玉玄宫	2016-08-26	禅城区
22	839146.OC	盈博莱	2016-09-28	南海区
23	832176.OC	三扬股份	2015-03-30	顺德区
24	838038.OC	东承汇（退市）	2016-07-28	禅城区
25	832495.OC	精铟海工	2015-05-14	南海区
26	834914.OC	峰华卓立	2015-12-16	南海区
27	830842.OC	长天思源	2014-07-11	南海区
28	832154.OC	文灿股份（退市）	2015-03-18	南海区
29	838026.OC	沃顿装备	2016-08-04	南海区
30	839955.OC	美的物业	2016-12-02	顺德区
31	834760.OC	华凯科技	2015-12-07	三水区
32	838512.OC	成德科技	2016-08-11	顺德区
33	833839.OC	天波信息	2015-11-17	南海区
34	838961.OC	吉邦士	2016-08-09	顺德区
35	871365.OC	北创光电	2017-04-24	禅城区

续 表

序号	证券代码	证券简称	上市日期	行政区
36	833441.OC	斯派力	2015-09-01	高明区
37	836292.OC	动易软件	2016-03-31	顺德区
38	870612.OC	睿江云（退市）	2017-02-09	禅城区
39	871695.OC	乐善智能	2017-07-24	顺德区
40	833927.OC	宁宇科技	2015-10-29	南海区
41	833136.OC	世创科技	2015-07-31	顺德区
42	870713.OC	任我通（退市）	2017-02-23	顺德区
43	871908.OC	麦澳医疗	2017-09-06	三水区
44	833635.OC	瑞德智能（退市）	2015-10-12	顺德区
45	834813.OC	佛山青松（退市）	2015-12-08	南海区
46	837478.OC	小冰火人（退市）	2016-06-24	顺德区
47	871148.OC	艾科技术	2017-03-22	南海区
48	870865.OC	华特气体（退市）	2017-02-22	南海区
49	870668.OC	健怡果	2017-01-24	禅城区
50	870911.OC	何氏协力	2017-02-16	高明区
51	870004.OC	金大田（退市）	2016-12-22	三水区
52	871579.OC	奥博信息	2017-07-05	禅城区

续 表

序号	证券代码	证券简称	上市日期	行政区
53	832750.OC	合璟环保	2015-07-21	禅城区
54	832173.OC	凯林科技	2015-03-26	南海区
55	833202.OC	佳科股份	2015-08-11	南海区
56	831640.OC	碧沃丰	2015-01-16	南海区
57	831433.OC	川东磁电	2014-12-09	高明区
58	838920.OC	南湖国旅（退市）	2016-08-10	禅城区
59	834726.OC	公信会议	2015-12-07	顺德区
60	831171.OC	海纳川	2014-10-08	高明区
61	831745.OC	考迈托	2015-02-17	南海区
62	836608.OC	帝通新材	2016-03-31	顺德区
63	833524.OC	光晟物联	2015-09-23	顺德区
64	833279.OC	三求光固	2015-08-18	禅城区
65	837035.OC	宏乾科技	2016-04-26	南海区
66	870073.OC	力美照明	2016-12-13	南海区
67	831202.OC	摩德娜（退市）	2014-10-27	南海区
68	837705.OC	盈峰材料（退市）	2016-11-01	顺德区

续表

序号	证券代码	证券简称	上市日期	行政区
69	831992.OC	嘉得力	2015-02-05	南海区
70	872150.OC	光腾新能	2017-09-18	顺德区
71	870814.OC	便捷神	2017-03-06	顺德区
72	838033.OC	佳邦信息	2016-08-08	顺德区
73	838263.OC	盈通黑金	2016-08-03	顺德区
74	838213.OC	金万达	2016-08-15	三水区
75	871468.OC	永通重机（退市）	2017-05-09	顺德区
76	871809.OC	南亮股份（退市）	2017-08-28	高明区
77	831958.OC	健博通	2015-02-13	禅城区
78	832546.OC	方德博纳	2015-06-01	南海区
79	839449.OC	华电建设	2016-11-04	南海区
80	837887.OC	九曲生科	2016-07-11	顺德区
81	871932.OC	数安时代	2017-08-11	南海区
82	837313.OC	欣涛科技	2016-05-18	三水区
83	833886.OC	万达业	2015-10-27	南海区
84	839512.OC	天元汇邦（退市）	2016-11-10	三水区

续 表

序号	证券代码	证券简称	上市日期	行政区
85	835751.OC	华天成	2016-02-02	顺德区
86	833165.OC	智科股份	2015-08-13	南海区
87	837042.OC	赛诺科技	2016-04-22	禅城区
88	870460.OC	大洋医疗（退市）	2017-01-20	南海区
89	831650.OC	盛华德	2015-01-13	三水区
90	836751.OC	科谷电源（退市）	2016-04-15	南海区
91	834453.OC	顺炎新材	2015-12-01	顺德区
92	838096.OC	锦美股份	2016-08-02	顺德区
93	872117.OC	康荣高科	2017-08-21	南海区
94	871834.OC	乐美智家	2017-08-04	顺德区
95	839749.OC	炬申物流	2016-11-15	南海区
96	871097.OC	三合股份	2017-03-23	顺德区
97	870964.OC	泓胜科技（退市）	2017-02-20	南海区
98	831371.OC	美涂士（退市）	2014-11-27	顺德区
99	835943.OC	凯华股份（退市）	2016-02-24	顺德区
100	870191.OC	丰高科印	2017-02-20	南海区

资料来源：根据 Wind 数据整理，截至 2018 年 12 月 31 日。

参考文献

[1]李静，机构投资者参与公司治理的理论与实证研究[M]，北京：经济科学出版社，2019.

[2]谈儒勇.中国金融发展和经济增长关系的实证研究[J].经济研究，1999(10):53-64.

[3]孙永祥，黄祖辉.上市公司的股权结构与绩效[J].经济研究，1999(12):23-30+39.

[4]李中，周勤.内生性约束下研发投入、研发效率与企业绩效——中国高技术产业分行业的样本[J].软科学，2001，6(07):11-12.

[5]李广众，陈平.金融中介发展与经济增长:多变量VAR系统研究[J].管理世界，2002(3):52-59.

[6]杨锦昌.以股换股:吸收合并的新方式[J].发展研究，2002(05):30-31.

[7]钟海燕.中国上市公司区域差异研究[J].西南民族学院学报（哲学社会科学版），2002，23(8):18-25.DOI:10.3969/j.issn.1004-3926.2002.08.004.

[8]杜莹，刘立国.股权结构与公司治理效率:中国上市公司的实证分析[J].管理世界，2002(11):124-133.

[9]丁鸿雁.银行在完善上市公司治理结构中的作用[J].山东财政学院学报，2003(06):67-69.

[10]姚志方.发挥上市公司优势，促进企业与区域经济共赢[J].南方论刊，

2004(3):41-43. DOI:10.3969/j.issn.1004-1133.2004.03.014.

[11]杨英杰.中国金融中介与经济增长关系的实证研究[J].经济问题探索，2004(6):47-53.

[12]高大为，魏巍.经济增长与股票市场的关系——来自中国的实证研究[J].工业技术经济，2004，23(6):117-119.

[13]童馨，王皓白.浙江需大力吸引跨国公司研发投资[J].浙江经济，2005(13):44-45.

[14]王晓慧.上市公司清欠“大限”已定[J].新财经，2006(5):44-45. DOI:10.3969/j.issn.1009-4202.2006.05.020.

[15]钟海燕，郑长德.上市公司区域差异效应分析[J].税务与经济，2006(1):69-72. DOI:10.3969/j.issn.1004-9339.2006.01.016.

[16]胡林荣，朱怀镇，黄弘.江西资本市场发展对经济增长影响的实证研究[J].企业经济，2006(11):102-104. DOI:10.3969/j.issn.1006-5024.2006.11.035.

[17]刘德智，徐晔，李小静.关于上市公司与经济发展的关系研究——河北省上市公司对河北省经济发展的影响[J].经济与管理研究，2007(06):77-80.

[18]蒋爱先，何贵香.发挥上市公司作用促进广西区域经济发展[J].经济与社会发展，2007(12):83-86.

[19]朱承亮，岳宏志.主成分分析在我国上市公司财务评价中的应用——基于陕西省26家上市公司的实证分析[J].技术经济与管理研究，2008(05):9-11+14.

[20]王玉春，郭媛嫣.上市公司R&D投入与产出效果的实证分析[J].产业经济研究，2008(06):22-5.

[21]李涛，黄晓蓓，王超.企业科研投入与经营绩效的实证研究——信息业与制造业上市公司的比较[J].科学学与科学技术管理，2008(07):170-

172.

[22]周华东，胡恩祥.安徽省上市公司对安徽GDP贡献的实证研究[J].金融经济（理论版），2008(9):55-57.DOI:10.3969/j.issn.1007-0753.2008.09.031.

[23]贾化斌，王俊峰.安徽省上市公司与区域经济的发展[J].淮阴师范学院学报，2008(30):759-761.

[24]陈峥嵘，王娟，郭梁.证券市场对上海经济发展的带动作用研究[J].科学发展，2009(05):43-61.

[25]徐博英.中国GDP增长与上市公司规模发展的实证分析[J].现代经济（现代物业中旬刊），2009，8(7):31-33，52.DOI:10.3969/j.issn.1671-8089.2009.07.008.

[26]李兴江，董雅丽.甘肃省上市公司与地区经济增长的实证分析[J].财会研究，2009(9):54-56.

[27]杨明洪，沈颖.论上市公司与西藏经济社会发展[J].西南民族大学学报（人文社会科学版），2009，30(11):1-7.DOI:10.3969/j.issn.1004-3926.2009.11.002.

[28]刘力，李广子，周铭山.股东利益冲突、投资者情绪与新股增发折价[J].财经问题研究，2010(05):53-59.

[29]范文娟，张心灵.基于熵值法的农业上市公司经营业绩分析[J].生产力研究，2010(6):90-93.

[30]冯文娜.高新技术企业研发投入与创新产出的关系研究——基于山东省高新技术企业的实证[J].经济问题，2010(09):72-78.

[31]孔庆景.研发对企业业绩影响的实证研究——基于A股上市公司[J].财会通讯，2010(18):61-66.

[32]秦鸿文.上市公司对区域经济发展作用的实证分析[J].商业时代，2010(31):127-128.DOI:10.3969/j.issn.1002-5863.2010.31.066.

[33]陈德萍，陈永圣.股权集中度、股权制衡度与公司绩效关系研究——2007—2009年中小企业板块的实证检验[J].会计研究，2011(01):38-43.

[34]梁剑，丁洁，周俊.宏观经济发展对上市公司企业经营绩效影响的实证分析[J].经济体制改革，2011(6):16-19.

[35]陈小悦，徐晓东.股权结构、企业绩效与投资者利益保护[J].经济研究，2001（11）:3-11+94.

[36]刘宇晟.股票市场发展与经济增长——从流动性的视角[J].经济研究导刊，2011(17):89-92.

[37]赵文静，孙大鹏.中国股票市场发展与经济增长关系的实证研究[J].张家口职业技术学院学报，2012(1):5-7，10.

[38]张俊瑞；程子健；宋琛.中国企业赴美上市的问题与对策:国际比较及启示[J].学海，2012(5):52-58.

[39]王红英.出版传媒业上市公司盈利能力影响因素分析[J].中国出版，2013(12):43-47.

[40]彭泽瑶，黄德忠.我国汽车行业研发投入与企业绩效关系研究[J].现代商贸工业，2015(01):9-11.

[41]方芳，李实.中国企业高管薪酬差距研究[J].中国社会科学，2015(08):47-67+205.

[42]刘欢.基于因子分析的农业上市公司财务绩效评价[J].经济研究导刊，2015(23):168-170.

[43]桂浩明.退市应成为股市常态[J].中国金融，2016(12):49-50.

[44]胡毅.企业存货管理现状与对策研究——以广东美的公司为例[J].财经界，2016(12):170-171.

[45]卢呈，刘奕生.佛山照明的投资价值分析[J].中国管理信息化，2016，19(13):142-146.

[46]纪淑玲，新三板挂牌企业会计信息披露研究[J].新经济，2016(32):108-109.

[47]王昆，阴秀生.流动性影响因素研究综述——兼论我国新三板市场流动性[J].上海经济，2017(03):108-116.

[48]连家明，寇明风，成丹.2012年以来我国财税政策回顾及问题发现[J].地方财政研究，2017(04):75-80+87.

[49]孙慧，王慧.政府补贴、研发投入与企业创新绩效——基于创业板高新技术企业的实证研究[J].科技管理研究，2017，17(1):111-116.

[50]程子健，刘文，辛忠晟."一带一路"背景下中国企业境外上市的全球布局研究[J].东岳论丛，2017，38(9):133-142.

[51]中国工商银行广东分行粤港澳大湾区课题组，陈泽鹏，李成青，吴耀锵.浅析粤港澳大湾区发展规划下广东商业银行经营转型[J].中国城市金融，2018(06):33-36.

[52]田力.大同煤业股份有限公司盈利能力分析[J].今日财富，2018(20):60.

[53]2017年上市公司数量及业绩分地区比较[J].领导决策信息，2018(26):28-31.

[54]陈少兰.基于主成分分析的我国物流企业财务评价与风险防范[J].国际商务财会，2019(06):71-76.

[55]余胜田.国有企业高管薪酬激励制度探讨[J].财政监督，2019(21):105-110.

[56]刘正，鲍群.我国股份制商业银行盈利能力的杜邦分析[J].管理观察，2019(30):164-165.

[57]苗宇，朱家明，徐碧莹.经济新常态下中国工商银行盈利能力影响因素分析[J].赤峰学院学报(自然科学版)，2019，35(06):24-26.

[58]李俊倩.房地产业上市公司财务风险研究——基于主成分分析[J].齐鲁

珠坛，2020(03):4-9.

[59]李洪锐，王洪海.基于全局主成分分析的港口上市公司财务绩效评价[J].大陆桥视野，2020(03):71-75.

[60]王曼娟.基于主成分分析法的农业上市公司财务风险评价[J].商场现代化，2020(09):175-176.

[61]童智，佛山市三水区乡村产业融合发展研究[J].农村经济与科技，2021，32(17):174-176.

[62]李静，梁四安.公司股权结构对企业技术创新的影响——以佛山上市公司为例[J].佛山科学技术学院学报(社会科学版)，2020，38(01):68-74.

[63]吕博文.阿里巴巴境外上市的动机及绩效探讨[C].江西：江西财经大学，2017.

[64]小舟.攀比上市公司数量不可取[N].经济日报，2019-5(时评).

[65]倪玉洁.为佛山争当地级市高质量发展领头羊贡献资本力量[N].佛山日报，2022-05-15(A02).

[66]李嘉雯.佛山市工业和信息化局：全面贯彻新发展理念 推动制造业高质量发展[N].佛山日报，2022-11-30(A05).

[67]邱冬阳.上市公司科技、R&D投入与业绩的实证研究[D].重庆:重庆大学硕士学士论文，2000.

[68]梁志华.城市可持续发展评价体系的对比研究[D].天津：天津大学，2006.

[69]张文珂，治理结构效率对公司绩效的影响研究[D].重庆：重庆大学，2007.

[70]黎一阳.民间资本介入我国风险投资业的对策研究[D].武汉：武汉理工大学，2007.

[71]蒋永.中国上市公司高管薪酬激励与企业绩效的实证研究[D].重庆：

西南大学，2008.

[72]李荣忠.顺德家电企业可持续成长战略研究[D].武汉：华中科技大学，2009.

[73]程建龙.上市公司规模与区域经济差异关联分析——基于分省的panel data模型[D].武汉:华中师范大学，2013.

[74]蒋园.上市商业银行盈利能力影响因素实证研究[D].大连：大连理工大学，2014.

[75]朱君.上市公司对区域经济发展的影响研究——基于东北地区的分析[D].吉林:东北师范大学学位评定委员会，2014.

[76]李丹霞.我国新三板市场挂牌公司股票估值实证研究[D].重庆：重庆工商大学，2016.

[77]郝小元.上市公司会计信息披露监管的法律问题研究[D].西安：西安理工大学，2016.

[78]任婷钰.我国电力行业上市公司盈利能力及影响因素实证研究[D].武汉：华中科技大学，2016.

[79]高燕.上市公司对区域经济发展的影响研究[D].马鞍山：安徽工业大学，2018.

[80]罗玛.地方政府扶持政策对企业上市行为的影响[D].南昌：江西财经大学，2018.

[81]丁昆.商业银行盈利能力及风险承担影响因素分析[D].北京：对外经济贸易大学，2018.

[82]侯立荣.我国上市商业银行盈利能力的影响因素分析[D].北京：首都经济贸易大学，2018.

[83]蔡新霞.我国人工智能概念股上市公司盈利能力及其影响因素分析[D].广州：广东外语外贸大学，2018.

[84]刘慧明.上市银行盈利能力影响因素实证研究[D].郑州：河南财经政

法大学，2019.

[85]蔡盈. 中国医药行业上市公司投资价值的案例研究[D]. 武汉：华中科技大学，2019.

[86]周俊仿. 美的空调品牌国际化案例研究[D]. 北京：北京外国语大学，2020.

[87]张静. 上市公司治理对区域竞争力的影响研究[D]. 邯郸:河北工程大学，2020.

[88]杨丽玲. 我国上市商业银行盈利能力的影响因素分析[D]. 上海：上海财经大学，2020.

[89]Neal M. Stoughton，Kit Pong Wong，Josef Zechner. IPOs and product quality[J]. *Quality Control and Applied Statistics*，2001，47(3):325-326.

[90]Rakesh Khurana，Nitin Nohria. Its Time to Make Management a Ture PROFESSION[J]. *Harvard Business Review*，2008(10):1-8.

[91]Jensen M C ， Murphy K J . CEO incentives——its not how much you pay， but how[J]. *Harv Bus Rev*， 1990， 68(3).